Dieses Buch ist

---

gewidmet.

Für Lebenskünstler

Südwest Verlag
München

Danksagung

Für die Genehmigung von Abdruckrechten danken wir: dem Verlag Friedrich Vieweg & Sohn, Braunschweig (*Nikos Kazantzakis:* Auszug aus Alexis Sorbas); dem Rowohlt Verlag, Reinbek bei Hamburg (*Jaroslav Hašek:* Auszug aus Die Abenteuer des braven Soldaten Schwejk); dem Suhrkamp Verlag, Frankfurt a. M. (*Hermann Hesse:* Auszug aus Siddhartha); dem S. Fischer-Verlag, Frankfurt a. M. (*Thomas Mann:* Auszug aus Bekenntnisse des Hochstaplers Felix Krull); dem Verlag Droemer und Knaur, München (*Johannes Mario Simmel:* Auszug aus Es muß nicht immer Kaviar sein) und dem Ullstein-Verlag, Berlin (*Paul Gauguin:* Auszug aus Noa-Noa).

Herausgeber und Redaktion:
Dr. Christian Zentner
und Mathias Forster, München,
Michael Forster, Hannover
Typographie: Kaselow-Design, München
Einbandgestaltung: Graupner & Partner, München

ISBN 3-517-01104-5

Satz: Kösel, Kempten
Druck und Bindung: Auer, Donauwörth

Inhalt

1. Mit leichtem Herzen und heiterem Sinn – Lebenskunst als Naturtalent

Das Glück ist ein Wie, kein Was, ein Talent, kein Objekt.

Hermann Hesse

Der große Zusammenbruch
Nikos Kazantzakis

Wer »Alexis Sorbas« hört, denkt zunächst an Anthony Quinn, der diese dankbare Rolle in Mikis Cacoyannis' filmischem Meisterwerk verkörpert hat. Dem Film zugrunde liegt Nikos Kazantzakis' berühmter Roman über jenen urwüchsigen griechischen Lebenskünstler, der keinerlei Theorie oder Philosophie benötigt, um glücklich zu sein, weil er ein großes Herz und einen heiteren Sinn sein eigen nennt. Sein junger englischer Freund, der eher zum Grübeln neigt, kann also nur von Sorbas lernen. Zum Beispiel, wie man Katastrophen wegsteckt: Ihren letzten Heller haben die beiden Helden in eine Drahtseilbahn investiert, die Bäume zu Tal befördern soll. Leider Gottes bricht die ganze Anlage bei der Premiere zusammen. Und was macht Sorbas? Er lacht und tanzt aus Herzenslust...

»Werft euch auf die Erde!« rief Sorbas und lief davon.

Die Mönche fielen platt auf den Bauch, die Bauern nahmen Reißaus. Der Stamm machte einen Sprung, fiel auf das Kabel zurück, schlug Garben von Funken, und ehe die Blicke es faßten, hatte er Berg und Strand schon passiert und stürzte ins Meer, daß der Schaum aufspritzte. Die Masten schwankten beängstigend. Mehrere hatten sich geneigt. Die Maultiere rissen sich los und suchten das Weite.

»Macht nichts! Macht nichts!« schrie Sorbas außer sich. »Jetzt kommt der Betrieb in Schwung! Los!«

Er hißte die Flagge. Er hatte es offenbar verzweifelt eilig, zum Schluß zu kommen.

Der vierte Stamm sauste los. Ein furchtbares ›Krach‹, ein zweites ›Krach‹, und sämtliche Masten stürzten hintereinander zusammen wie ein Kartenhaus.

»Kyrie eleison! Kyrie eleison!« riefen Arbeiter, Bauern und Mönche und rannten nach allen Himmelsrichtungen davon.

Ein Splitter verletzte Dometios am Schenkel. Es hing an einem Haar, daß ein anderer nicht dem Abt ins Auge fuhr. Die Bauern waren vom Erdboden verschwunden. Nur die Panajia stand noch unverrückt auf dem Stein, die Lanze in der Hand, und sah auf die Menschen mit strengem Blick. Und neben ihr saß mit grünem, gesträubtem Gefieder der arme Papagei und zitterte, mehr tot als lebendig.

Die Mönche rissen die Panajia in ihre Arme, hoben den dicken Dometios auf, der vor Schmerzen stöhnte, fingen die Maultiere wieder ein, saßen auf und traten den Rückzug an. Der Bratenwender, ein Arbeiter, hatte vor Schreck den Hammel im Stich gelassen, der langsam verbrannte.

»Der Hammel wird verkohlen«, rief Sorbas nervös und eilte, ihn zu wenden.

Ich setzte mich neben ihn. Niemand war mehr am Ufer, wir waren allein geblieben. Er drehte sich nach mir um und warf mir einen unsicheren, zögernden Blick zu... Er war sich nicht sicher, wie ich die Katastrophe aufnehmen und wie dieses Abenteuer ausgehen würde.

Er nahm ein Messer, bückte sich über den Hammel, schnitt ein Stück ab und kostete es. Sogleich nahm er das Tier vom Feuer und lehnte es aufrecht, wie es am Spieß noch steckte, an einen Baum.

»Gerade noch rechtzeitig!« sagte er. »Möchtest du auch ein Stückchen?«

»Hole auch den Wein und das Brot. Ich habe Hunger.«

Er sprang wie ein junger Hase davon, rollte das Fäßchen neben den Hammel und brachte einen Laib Weizenbrot und zwei Gläser.

Wir nahmen jeder ein Messer, schnitten zwei große Streifen Fleisch und ein paar dicke Brotscheiben ab und machten uns eifrig an die Mahlzeit.

»Merkst du, Chef, wie köstlich es schmeckt! Es schmilzt auf der Zunge! Hier gibt es keine fetten Weiden, das Vieh frißt dürres Gras. Darum ist das Fleisch so schmackhaft. Ich habe meines Wissens in meinem Leben nur einmal so zartes Fleisch gegessen wie das hier. Das war damals, wenn du dich erinnerst, als ich die Hagia Sophia aus meinen Haaren stickte und als Amulett bei mir trug... Überholte Geschichten...!«

»Erzähle weiter!«

»Ich sage dir doch. Überholte Geschichten! Griechische Schrullen, verrückte Schrullen!«

»Macht nichts, Sorbas. Mir gefällt es.«

»Also gut! Die Bulgaren hatten uns eingekreist. Es war Abend. Wir sahen sie überall auf den Hängen Feuer anzünden. Nur um Furcht einzujagen, schlugen sie die Becken und heulten wie die Wölfe. Sie mochten ungefähr dreihundert Mann stark sein. Wir waren achtundzwanzig, und Kapetan Ruvas – Gott nehme ihn zu sich, sollte er tot sein, ein feiner Kerl – war unser Anführer.

›He, Sorbas, stecke den Hammel an den Spieß‹, sagt er zu mir.

›Er schmeckt besser, wenn er in eine Grube kommt‹, erwidere ich.

›Mach's, wie du willst, aber schnell. Wir haben Hunger.‹

Wir graben ein Loch, ich polstere es mit dem Hammelfell aus. Wir decken einen Haufen glühender Kohlen darüber, nehmen das Brot aus unseren Beuteln und setzen uns um das Feuer.

›Das ist vielleicht unsere Henkersmahlzeit‹, sagt Kapetan Ruvas. ›Ist einer unter euch, dem die Hosen schlottern?‹

Alle lachen. Keiner würdigt ihn einer Antwort. Man greift zur Kürbisflasche.

›Auf dein Wohl, Kapetan! Und auf eine brave Kugel!›

Wir trinken einen Schluck, wir trinken zwei und ziehen den Hammel aus dem Loch. Was für ein Hammel, Chef. Noch heute läuft mir das Wasser im Munde zusammen, wenn ich daran denke. Schmelzend wie Butter. Wir hauen mit unseren gesunden Zähnen wacker ein.

›Ich habe nie in meinem Leben saftigeres Fleisch gegessen‹, sagt der Kapetan.

›Gott mit uns!‹ Und hebt sein Glas und leert es mit einem Zug, er, der sonst niemals trank.

›Singt jetzt ein Klephtenlied!‹ befiehlt er. ›Die dort heulen wie die Wölfe, wir wollen wie Menschen singen. Stimmt das Lied vom alten Dimos an!‹

Wir nehmen noch rasch einen Bissen, trinken noch einen Schluck. Das Lied steigt, die Herzen schwellen, das Echo erwacht in den Schluchten:

›Sind gealtert meine Kräfte?
Vierzig Jahre bin ich Klephte ...‹

Eine unwiderstehliche Begeisterung reißt uns fort.

›Oha‹, rief der Kapetan, ›Gott steh uns bei! Das heiße ich Lebenslust! Alexis, beschau mal das Blatt des Hammels ... entdeckst du was?‹

Ich lege das Hammelblatt mit dem Messer frei und rücke ans Feuer.

›Ich sehe keine Gräber, Kapetan‹, rufe ich, ›ich sehe keinen Tod. Wir kommen noch einmal mit blauem Auge davon.‹

›Aus deinem Mund in Gottes Ohr!‹ sagt unser Anführer, der jung verheiratet war. ›Ich möchte noch meinen Sohn erleben. Dann mag kommen, was will.‹«

Sorbas schnitt ein fettes Stück um die Nieren ab.

»Der Hammel damals war gut«, sagte er. »Aber dieser hier gibt ihm nichts nach.«

»Schenk ein, Sorbas! Randvoll! und jetzt: Bis zur Neige!«

Wir tranken unseren Wein und kauten ihn nach: Kretische Auslese, purpurn wie Hasenblut. Wer einen Schluck davon nahm, der meinte mit dem Blut der Erde zu kommunizieren und spürte, wie er zum Riesen wurde. Die Adern strömten über vor Kraft, das Herz voller Güte. Wer ein Lamm war, wurde zum Löwen. Man vergaß die Kleinigkeiten des Lebens, sein enger Rahmen krachte in allen Fugen. Mit den Menschen, den Tieren, mit Gott überein ging man im Weltall auf.

»Laß auch uns nachsehen, was das Blatt des Hammels zu sagen hat. Nicht gefackelt, Sorbas!«

Er leckte das Blatt säuberlich ab, reinigte es mit dem Messer, hielt es gegen das Licht und betrachtete es aufmerksam.

»Alles in Ordnung, Chef! Wir werden tausend Jahre alt. Ein Herz aus Stahl!«

Er neigte sich vor und untersuchte den Knochen genauer.

»Ich sehe eine Reise, eine große Reise. Und am Ziel der Reise ein großes Haus mit vielen Türen. Das muß die Hauptstadt eines Königreiches sein, Chef. Oder gar das Kloster, in dem ich Pförtner sein und Schmuggel treiben werde, wie wir gesagt haben.«

»Schenk ein, Sorbas, und laß die Prophezeiungen. Ich will dir sagen, was das Haus mit den zahlreichen Türen bedeutet: die Erde mit ihren Gräbern! Da hast du das Reiseziel. Auf dein Wohl, du Gauner!«

»Auf dein Wohl, Chef! Die Gelegenheit, sagt man, ist blind. Sie weiß nicht, wohin sie geht, sie rempelt die Vorübergehenden an, und der, auf den sie dann fällt, heißt glücklich. Zum Teufel mit solchem Glück. Wir mögen das nicht, habe ich recht?«

»Wir mögen das nicht, Sorbas! Auf dein Wohl!«

Wir tranken und machten reinen Tisch. Die Welt wog leichter, das Meer lachte, die Erde bewegte sich wie das Verdeck eines Schiffes, zwei Möwen stolzierten auf den Kieseln und unterhielten sich wie Menschen. Ich erhob mich.

»Komm, Sorbas!« rief ich. »Lehre mich tanzen!«

Begeistert sprang er auf, sein Gesicht strahlte.

»Tanzen, Chef? Tanzen? Dann komm!«

»Los, Sorbas! Mein Leben hat sich gewandelt!«

»Ich werde dir zuerst den Seibebiko beibringen, einen wilden, kriegerischen Tanz. Wir Komitadschis tanzten ihn vor der Schlacht.«

Er entledigte sich seiner Schuhe, zog die blauen Strümpfe aus und behielt nur sein Hemd an. Doch auch das war ihm noch zu warm, und er warf es ab.

»Schau auf meinen Fuß, Chef!« kommandierte er. »Paß auf!«

Er streckte den Fuß aus, berührte leicht die Erde, streckte den anderen aus. In heiterem Ungestüm verwikkelten sich die Schritte, der Boden dröhnte wie eine Trommel.

Er faßte mich an der Schulter.

»Komm, mein Freundchen«, sagte er, »jetzt zu zweien!«

Wir stürzten uns in den Tanz. Sorbas verbesserte, ernst, geduldig, zärtlich meine Fehler. Ich faßte Mut. Mein Herz ließ sich wie ein Vogel los.

»Bravo, du bist ein Daus!« rief er und klatschte in die Hände, um den Takt zu markieren. »Bravo, Freundchen! Zum Teufel mit Papier und Tintenfaß! Zum Teufel mit Kapital und Zinsen! Zum Teufel mit Kohlengruben, Arbeitern und Klöstern! Was haben wir uns jetzt zu erzählen, wo auch du meine Sprache lernst und tanzt!«

Er wirbelte mit seinen nackten Füßen die Kiesel umher und klatschte in die Hände.

»Chef«, rief er, »ich habe dir viel zu sagen, ich habe keinen Menschen wie dich geliebt, ich habe dir viel zu sagen, aber meine Zunge schafft es nicht. Ich werde es dir also vortanzen. Geh beiseite, daß ich dir nicht auf die Füße trete. Los! Hopp, hopp!«

Er tat einen Sprung, seine Hände und Füße wuchsen zu Flügeln. Wie er so über den Boden schwebte, vor diesem Hintergrund von Himmel und Meer, kam er mir wie ein alter Erzengel vor, der sich empört. Denn dieser Tanz war ganz Herausforderung, Trotz und Revolte. Als hätte er sagen wollen: Was kannst du mir antun, Allmächtiger? Nichts, außer daß du mich tötest. Töte mich! Ich lache dazu. Ich habe meine Galle entleert! Ich habe gesagt, was ich sagen wollte: ich habe die Zeit gehabt zu tanzen, und ich bedarf deiner nicht mehr!

Als ich Sorbas so tanzen sah, begriff ich zum erstenmal den schimärischen Drang des Menschen, die Schwerkraft zu überwinden. Ich bewunderte seine Ausdauer, seine Behendigkeit, seinen Stolz. Sorbas' wirbelnde und gewandte Füße schrieben die dämonische Geschichte des Menschen in den Kies.

Er hielt inne und betrachtete die Reihe von Haufen, in welche die Drahtseilbahn eingestürzt war. Die Sonne ging zur Ruhe, die Schatten wurden länger. Sorbas riß die Augen auf, als ob er sich plötzlich an etwas erinnerte. Er blickte mich an und legte nach seiner Gewohnheit die Hand auf den Mund.

»Olala! Chef!« sagte er. »Hast du gesehen, wie die Funken flogen?«

Wir lachten laut auf.

Sorbas stürzte sich auf mich, riß mich in seine Arme und küßte mich.

»Auch du lachst, Chef?« sagte er zärtlich. »Auch du? Bravo, mein Junge!«

Wir bogen uns vor Lachen und balgten uns wie die Buben. Schließlich fielen wir beide der Länge lang auf den Kies und schliefen umschlungen ein.

Bei Tagesanbruch erhob ich mich und eilte ins Dorf. Selten war mir in meinem Leben so wohl um das Herz gewesen. Freude war das nicht mehr zu nennen, was ich empfand. Es war erhabene, absurde, durch nichts zu rechtfertigende Heiterkeit. Nicht nur das – sie war das genaue Gegenteil jeder Rechtfertigung. Ich hatte mein ganzes Geld verloren, Arbeiter, Drahtseilbahn, Loren – wir hatten einen kleinen Hafen angelegt, die Kohlen zu verladen – und jetzt war nichts zum Verladen da. Alles war verloren.

Und gerade jetzt empfand ich wider Erwarten eine Erlösung. Mir war, als hätte ich in den harten und gräßlichen Falten der Notwendigkeit einen Winkel entdeckt, in dem die Freiheit gelassen spielte. Und ich spielte mit ihr.

Wenn alles verquer geht, ist es eine doppelte Freude, sich zu beweisen, ob man Härte und Wert besitzt! Es ist, als überfiele uns ein unsichtbarer, allmächtiger Feind – die einen nennen ihn Gott, die anderen den Teufel – um uns niederzuschlagen. Aber wir bleiben stehen. Jedesmal, wenn wir innerlich Sieger sind – gerade wenn wir äußerlich völlig geschlagen wurden, empfindet der echte Mann einen Stolz und eine Freude, die sich nicht ausdrücken lassen. Das äußere Unglück verwandelt sich in ein erhabenes und strenges Glück.

Vanitas! Vanitatum Vanitas!

Johann Wolfgang von Goethe

Ich hab mein Sach auf Nichts gestellt.
    Juchhe!
Drum ist's so wohl mir in der Welt.
    Juchhe!
Und wer will mein Kamerade sein,
Der stoße mit an, der stimme mit ein
Bei dieser Neige Wein.
Ich stellt mein Sach auf Geld und Gut.
    Juchhe!
Darüber verlor ich Freud und Mut. O weh!
Die Münze rollte hier und dort,
Und hascht ich sie an einem Ort,
Am andern war sie fort.
Auf Weiber stellt ich nun mein Sach.
    Juchhe!
Daher kam mir viel Ungemach.
    O weh!
Die Falsche sucht' sich ein ander Teil,
Die Treue macht' mir Langeweil:
Die Beste war nicht feil.
Ich stellt mein Sach auf Ruhm und Ehr.
    Juchhe!
Und sieh! gleich hatt ein andrer mehr.
    O weh!

Wie ich mich hatt hervorgetan,
Da sahen die Leute scheel mich an,
Hatte keinem recht getan.
Ich setzt mein Sach auf Kampf und Krieg.
    Juchhe!
Und uns gelang so mancher Sieg.
    Juchhe!
Wir zogen in Feindes Land hinein,
Dem Freunde sollt's nicht viel besser sein,
Und ich verlor ein Bein.
Nun hab ich mein Sach auf Nichts gestellt.
    Juchhe!
Und mein gehört die ganze Welt. Juchhe!
Zu Ende geht nun Sang und Schmaus.
Nur trinkt mit alle Neigen aus;
Die letzte muß heraus!

Aus dem Leben eines Taugenichts

Joseph von Eichendorff

Der fidelste Lebenskünstler der deutschen Literatur dürfte Eichendorffs »Taugenichts« sein, der mit seiner Geige unter dem Arm und ohne einen Heller in der Tasche in die weite Welt zieht. Wohin ihn sein Schritt auch führt auf seinem Glückspfad, überall öffnen sich ihm die Türen vornehmer Herrschaften, die ihm Logis gewähren und ihn durchfüttern, und zumeist ist auch noch ein schönes Fräulein im Spiel, das den vagabundierenden Fiedler von Herzen anhimmelt. Aber was ein echter »Taugenichts« ist, den hält es nicht lang am gleichen Ort, ist ihm das Glück auch noch so hold ...

Und so nahm ich die Geige von der Wand, ließ Rechnungsbuch, Schlafrock, Pantoffeln, Pfeifen und Parasol liegen und wanderte, arm, wie ich gekommen war, aus meinem Häuschen und auf der glänzenden Landstraße von dannen.

Ich blickte noch oft zurück; mir war gar seltsam zumute, so traurig und doch auch wieder so überaus fröhlich, wie ein Vogel, der aus seinem Käfig ausreißt. Und als ich schon eine weite Strecke gegangen war, nahm ich draußen im Freien meine Geige vor und sang:

»Den lieben Gott laß ich nur walten;
Der Bächlein, Lerchen, Wald und Feld

Und Erd' und Himmel tut erhalten,
Hat auch mein' Sach aufs best' bestellt!«

Das Schloß, der Garten und die Türme von Wien waren schon hinter mir im Morgenduft versunken, über mir jubilierten unzählige Lerchen hoch in der Luft: so zog ich zwischen den grünen Bergen und an lustigen Städten und Dörfern vorbei gen Italien hinunter.

...in Gedanken ging ich rasch fort und kam immer mehr von der Landstraße ab, mitten in das Gebirge hinein. Der Holzweg, auf dem ich fortgelaufen war, hörte auf, und ich hatte nur noch einen kleinen, wenig betretenen Fußsteig vor mir. Ringsum war niemand zu sehen und kein Laut zu vernehmen. Sonst aber war es recht anmutig zu gehn, die Wipfel der Bäume rauschten, und die Vögel sangen sehr schön. Ich befahl mich daher Gottes Führung, zog meine Violine hervor und spielte alle meine liebsten Stücke durch, daß es recht fröhlich in dem einsamen Walde erklang.

Mit dem Spielen ging es aber auch nicht lange, denn ich stolperte dabei jeden Augenblick über die fatalen Baumwurzeln, auch fing mich zuletzt an zu hungern, und der Wald wollte noch immer gar kein Ende nehmen. So irrte ich den ganzen Tag herum, und die Sonne schien schon schief zwischen den Baumstämmen hindurch, als ich endlich in ein kleines Wiesental hinauskam, das rings von Bergen eingeschlossen und voller roter und gelber Blumen war, über denen unzählige Schmetterlinge im Abendgolde herumflatterten. Hier war es so einsam, als läge die Welt wohl hundert Meilen weit weg. Nur die Heimchen zirpten, und ein Hirt lag drüben im hohen Grase und blies so melancholisch auf seiner Schalmei, daß einem das Herz vor Wehmut hätte zerspringen mögen. Ja, dachte ich bei mir, wer es so gut hätte wie so ein Faulenzer! Unsereiner muß sich in der Fremde herumschlagen und immer attent sein. – Da ein schönes klares Flüßchen zwischen uns lag, über das ich nicht herüber konnte, so rief ich ihm von weitem zu: wo hier das nächste Dorf läge? Er ließ sich aber nicht stören, sondern streckte nur den Kopf ein wenig aus dem Grase hervor, wies mit seiner Schalmei auf den andern Wald hin und blies ruhig wieder weiter.

Unterdes marschierte ich fleißig fort, denn es fing schon an zu dämmern. Die Vögel, die alle noch ein großes Geschrei gemacht hatten, als die letzten Sonnenstrahlen durch den Wald schimmerten, wurden auf einmal still, und mir fing beinah an angst zu werden in dem ewigen, einsamen Rauschen der Wälder. Endlich hörte ich von ferne Hunde bellen. Ich schritt rascher fort, der Wald wurde immer lichter und lichter, und bald darauf sah ich zwischen den letzten Bäumen hindurch einen schönen grünen Platz, auf dem viele Kinder lärmten und sich um eine große Linde herumtummelten, die recht in der Mitte stand. Weiterhin an dem Platze war ein Wirtshaus, vor dem einige Bauern um einen Tisch saßen und Karten spielten und Tabak rauchten. Auf der andern Seite saßen junge Burschen und Mädchen vor der Tür, die die Arme in ihre Schürzen gewickelt hatten und in der Kühle miteinander plauderten.

Ich besann mich nicht lange, zog meine Geige aus der Tasche und spielte schnell einen lustigen Ländler auf, während ich aus dem Walde hervortrat. Die Mädchen verwunderten sich, die Alten lachten, daß es weit in den Wald hineinschallte. Als ich aber so bis zu der Linde gekommen war und mich mit dem Rücken dranlehnte und immerfort spielte, da ging ein heimliches Rumoren und Gewisper unter den jungen Leuten rechts und links, die Burschen legten endlich ihre Sonntagspfeifen weg, jeder nahm die seine, und eh' ich's mir versah, schwenkte sich das junge Bauernvolk tüchtig um mich herum, die Hunde bellten, die Kittel flogen, und die Kinder standen um mich im Kreise und schauten mir neugierig auf die Finger, wie ich so fix damit hantierte.

Wie der erste Schleifer vorbei war, konnte ich erst recht sehen, wie eine gute Musik in die Gliedmaßen fährt. Die Bauernburschen, die sich vorher, die Pfeifen im Munde, auf den Bänken reckten und die steifen Beine von sich streckten, waren nun auf einmal wie umgetauscht, ließen ihre bunten Schnupftücher vorn am Knopfloch lange herunterhängen und kapriolten so artig um die Mädchen herum, daß es eine rechte Lust anzuschauen war. Einer von ihnen, der sich schon für was Rechtes hielt, haspelte lange in seiner Westentasche, damit es die andern sehen sollten, und brachte endlich ein kleines Silberstück heraus, das er mir in die Hand drücken wollte. Mich ärgerte das, wenn ich gleich dazumal kein Geld in der Tasche hatte. Ich sagte ihm, er sollte nur seine Pfennige behalten, ich spielte nur so aus Freude, weil ich wieder bei Menschen wäre. Bald darauf aber kam ein schmuckes Mädchen mit einer großen Stampe Wein zu mir: »Musikanten trinken gern«, sagte sie und lachte mich freundlich an, und ihre perlweißen Zähne schimmerten recht scharmant zwischen den roten Lippen hindurch, so daß ich sie wohl hätte darauf küssen mögen. Sie tunkte ihr Schnäbelein in den Wein wobei ihre Augen über das Glas weg auf mich herüber funkelten, und reichte mir darauf die Stampe hin. Da trank ich das Glas bis auf den Grund aus und spielte dann wieder von frischem, daß sich alles lustig um mich herum drehte.

Die Alten waren unterdes von ihrem Spiel aufgebrochen, die jungen Leute fingen auch an müde zu werden und zerstreuten sich, und so wurde es nach und nach still und leer vor dem Wirtshause. Auch das Mädchen, das mir den Wein gereicht hatte, ging nun nach dem Dorfe zu, aber sie ging sehr langsam und sah sich zuweilen um, als ob sie was vergessen hätte. Endlich blieb sie stehen und suchte etwas auf der Erde, aber ich sah wohl, daß sie, wenn sie sich bückte, unter dem Arme hindurch nach mir zurückblickte. Ich hatte auf dem Schlosse Lebensart gelernt, ich sprang also geschwind herzu und sagte: »Haben Sie etwas verloren, schönste Mamsell?« – »Ach nein«, sagte sie und wurde über und über rot, »es war nur eine Rose – will Er sie haben?« – Ich dankte und steckte die

Rose ins Knopfloch. Sie sah mich sehr freundlich an und sagte: »Er spielt recht schön.« – »Ja«, versetzte ich, »das ist so eine Gabe Gottes.« – »Die Musikanten sind hier in der Gegend sehr rar«, hub das Mädchen dann wieder an und stockte und hatte die Augen beständig niedergeschlagen. »Er könnte sich hier ein gutes Stück Geld verdienen – auch mein Vater spielt etwas die Geige und hört gern von der Fremde erzählen – und mein Vater ist sehr reich.« – Dann lachte sie auf und sagte: »Wenn Er nur nicht immer solche Grimassen machen möchte mit dem Kopfe beim Geigen!« – »Teuerste Jungfer«, erwiderte ich, »erstlich: nennen Sie mich nur nicht immer Er; sodann mit den Kopftremulenzen, das ist einmal nicht anders, das haben wir Virtuosen alle so an uns.« ...

Das Leben

Rainer Maria Rilke

Du mußt das Leben nicht verstehen,
Dann wird es werden wie ein Fest.
Und laß dir jeden Tag geschehen
So wie ein Kind im Weitergehen
Von jedem Wehen
Sich viele Blüten schenken läßt.

Sie aufzusammeln und zu sparen,
Das kommt dem Kind nicht in den Sinn.
Es löst sie leise aus den Haaren,
Drin sie so gern gefangen waren,
Und hält den lieben jungen Jahren
Nach neuen seine Hände hin.

Leberecht Hühnchen
Heinrich Seidel

Das Beste aus jeder Situation zu machen, den Augenblick zu genießen, die Schattenseiten des Daseins mit sonnigem Humor aufzuhellen – wenn all das »Lebenskunst« ist, handelt es sich bei Leberecht Hühnchen, dem Helden des gleichnamigen Romans von Heinrich Seidel, um einen Meister dieses Fachs. Aber lassen wir seinen besten Freund zu Worte kommen, den »Ich-Erzähler« ...

Leberecht Hühnchen gehörte zu den Bevorzugten, denen eine gütige Fee das beste Geschenk, die Kunst glücklich zu sein, in die Wiege legte; er besaß die Gabe, aus allen Blumen, selbst aus den giftigen, Honig zu saugen. Ich erinnere mich nicht, daß ich ihn länger als fünf Minuten lang verstimmt gesehen hätte, dann brach der unverwüstliche Sonnenschein seines Innern siegreich hervor, und er wußte auch die schlimmste Sache so zu drehen und zu wenden, daß ein Rosenschimmer von ihr ausging. Er hatte in Hannover, wo wir zusammen das Polytechnikum besuchten, eine ganz geringe Unterstützung von zu Haus und erwarb sich das Notdürftige durch schlecht bezahlte Privatstunden; dabei schloß er sich aber von keiner studentischen Zusammenkunft aus, und was für mich das Rätselhafteste war, er hatte fast immer Geld, so daß er anderen etwas zu borgen vermochte. Eines Winterabends befand ich mich in der, ich muß es gestehen, nicht allzu seltenen Lage, daß meine sämtlichen Hilfsquellen versiegt waren, während mein Wechsel erst in einigen Tagen eintreffen konnte. Nach sorgfältigem Umdrehen aller Taschen und Aufziehen sämtlicher Schubladen hatte ich noch dreißig Pfennig zusammengebracht, und mit diesem Besitztum, das einsam in meiner Tasche klimperte, schlenderte ich durch die Straßen, in eifriges Nachdenken über die vorteilhafteste Anlage dieses Kapitals versunken. In dieser Gedankenarbeit unterbrach mich Hühnchen, der plötzlich mit dem fröhlichsten Gesichte von der Welt vor mir stand und mich fragte, ob ich ihm nicht drei Taler leihen könne. Da ich mich nun mit der Absicht getragen hatte, ein ähnliches Ansinnen an ihn zu stellen, so konnte ich mich des Lachens nicht enthalten und machte ihm die

Sache klar. »Famos«, sagte er, »also dreißig Pfennig hast du noch? Wenn wir beide zusammenlegen, haben wir auch nicht mehr. Ich habe soeben alles fortgegeben an unseren Landmann Braun, der einen großen Stiftungskommers mitmachen muß und das Geld natürlich notwendig braucht. Also dreißig Pfennig hast du noch? Dafür wollen wir uns einen fidelen Abend machen!«

Ich sah ihn verwundert an.

»Gib mir nur das Geld«, sagte er, »ich will einkaufen – zu Hause habe ich auch noch allerlei – wir sollen lukullisch leben heute abend – lukullisch, sage ich.« Wir gingen durch einige enge Gassen der Aegidienvorstadt zu seiner Wohnung. Unterwegs verschwand er in einem kleinen, kümmerlichen Laden, der sich durch ein paar gekreuzte Kalkpfeifen, einige verstaubte Zichorien- und Tabakspakete, Wichskruken und Senftöpfe kennzeichnete, und kam nach kurzer Zeit mit zwei Tüten wieder zum Vorschein.

Leberecht Hühnchen wohnte in dem Giebel eines lächerlich kleinen und niedrigen Häuschens, das in einem ebenso winzigen Garten gelegen war. In seinem Wohnzimmer war eben so viel Platz, daß zwei anspruchslose Menschen die Beine darin ausstrecken konnten, und nebenan befand sich eine Dachkammer, die fast vollständig von seinem Bette ausgefüllt wurde, so daß Hühnchen, wenn er auf dem Bette sitzend die Stiefel anziehen wollte, zuvor die Tür öffnen mußte. Dieser kleine Vogelkäfig hatte aber etwas eigentümlich Behagliches; etwas von dem sonnigen Wesen seines Bewohners war auf ihn übergegangen.

»Nun vor allen Dingen einheizen«, sagte Hühnchen, »setze dich nur auf das Sofa, aber suche dir ein Tal aus. Das Sofa ist etwas gebirgig; man muß sehen, daß man in ein Tal zu sitzen kommt.«

Das Feuer in dem kleinen eisernen Kanonenofen, der sich der Größe nach zu anderen gewöhnlichen Öfen etwa verhielt wie der Teckel zum Neufundländer, geriet bei dem angestrengten Blasen meines Freundes bald in Brand. Dieser Ofen war für ihn ein steter Gegenstand des Entzückens.

»Ich begreife nicht«, sagte er, »was die Menschen gegen eiserne Öfen haben. In einer Viertelstunde haben wir es nun warm. Und daß man nach dem Feuer sehen und es schüren muß, daß ist die angenehmste Unterhaltung, die ich kenne. Und wenn es so recht Stein und Bein friert, da ist er herrlich, wenn er so rot und trotzig in seiner Ecke steht und gegen die Kälte anglüht.«

Hiernach holte er einen kleinen, rostigen Blechtopf, füllte ihn mit Wasser und setzte ihn auf den Ofen. Dann bereitete er den Tisch für das Abendessen vor. In einem kleinen Holzschränkchen befanden sich seine Wirtschaftsgegenstände. Da waren zwei Tassen, eine schmale, hohe, mit blauen Vergißmeinnicht und einem Untersatz, der nicht zu ihr paßte, und eine ganz breite flache, die den

Henkel verloren hatte. Dann kam eine kleine schiefe Butterdose zum Vorschein, eine Blechbüchse mit Tee und eine runde Pappschachtel, die ehemals Hemdenkragen beherbergt hatte und jetzt zu dem Range einer Zuckerdose aufgestiegen war. Das köstlichste Stück war aber eine kleine, runde Teekanne von braunem Ton, die er stets mit besonderer Vorsicht und Schonung behandelte, denn sie war ein Familienerbstück und ein besonderes Heiligtum. Drei Teller und zwei Messer, die sich so unähnlich waren, wie das für zwei Tischmesser nur irgend erreichbar ist, eine Gabel mit nur noch zwei Zinken und einer fatalen Neigung, ihren Stiel zu verlassen, sowie zwei verbogene Neusilberteelöffel vollendeten den Vorrat.

Als er alle diese Dinge mit einem gewissen Geschick aufgebaut hatte, ließ er einen zärtlichen Blick der Befriedigung über das Ganze schweifen und sagte: »Alles mein Eigentum. Es ist doch schon ein kleiner Anfang zu einer Häuslichkeit.« Unterdes war das Wasser ins Sieden geraten, und Hühnchen brachte aus der größeren Tüte fünf Eier zum Vorschein, die zu kochen er nun mit großem Geschick unter Beihilfe seiner Taschenuhr unternahm. Nachdem er sodann frisches Wasser für den Tee aufgesetzt und ein mächtiges Stück Brot herbeigeholt hatte, setzte er sich mit dem Ausdruck der höchsten Befriedigung zu mir, und die Abendmahlzeit begann.

Als mein Freund das erste Ei verzehrt hatte, nahm er ein zweites und betrachtete es nachdenklich. »Sieh mal, so ein

Ei«, sagte er, »es enthält ein ganzes Huhn, es braucht nur ausgebrütet zu werden. Und wenn dies groß ist, da legt es wieder Eier, aus denen nochmals Hühner werden und so fort, Generationen über Generationen. Ich sehe sie vor mir, zahllose Scharen, die den Erdball bevölkern. Nun nehme ich dies Ei, und mit einem Schluck sind sie vernichtet! Sieh mal, das nenne ich schlampampen!«

Und so schlampampten wir und tranken Tee dazu. Ein kleines sonderbares, gelbes Ei blieb übrig; denn zwei in fünf geht nicht auf, und wir beschlossen, es zu teilen. »Es kommt vor«, sagte mein Freund, indem er das Ei geschickt mit der Messerschneide anklopfte, um es durchzuschneiden, »es kommt vor, daß zuweilen ganz seltene Exemplare unter die gewöhnlichen Eier geraten. Die Fasanen legen so kleine gelbe, ich glaube wahrhaftig, dies ist ein Fasanenei, ich hatte früher eins in meiner Sammlung, das sah gerade so aus.«

Er löste seine Hälfte sorgfältig aus der Schale und schlürfte sie bedächtig hinunter. Dann lehnte er sich zurück, und mit halbgeschlossenen Augen flüsterte er unter gastronomischem Schmunzeln: »Fasan! Lukullisch!«

Nach dem Essen stellte sich eine Fatalität heraus. Es war zwar Tabak vorhanden, denn die spitze, blaue Tüte, die Hühnchen vorhin eingekauft hatte, enthielt für zehn Pfennig dieses köstlichen Krautes, aber mein Freund besaß nur eine einzige invalide Pfeife, deren Mundstück bereits bis auf den letzten Knopf weggeraucht war, und deren Kopf, weil er sich viel zu klein für die Schwammdose erwies, die unverbesserliche Unart besaß, plötzlich herumzuschießen und die Beinkleider mit einem Funkenregen zu bestreuen.

»Diese Schwierigkeit ist leicht zu lösen«, sagte Hühnchen, »hier habe ich den Don Quijote«, der nebenbei gesagt, außer einer Bibel und einigen fachwissenschaftlichen Werken, seine ganze Bibliothek ausmachte und den er unermüdlich immer wieder las, »der eine raucht, der andere liest vor, ein Kapitel ums andere. Du als Gast bekommst die Pfeife zuerst, so ist alles in Ordnung.«

Dann, während ich die Pfeife stopfte und er nachdenklich den Rest seines Tees schlürfte, kam ihm ein neuer Gedanke.

»Es ist etwas Großes«, sagte er, »wenn man bedenkt, daß, damit ich hier in aller Ruhe meinen Tee schlürfen und du deine Pfeife rauchen kannst, der fleißige Chinese in einem fernen Lande für uns pflanzt und der Neger für uns unter der Tropensonne arbeitet. Ja, das nicht allein, die großen Dampfer durchbrausen für uns im Sturm und Wogenschwall den mächtigen Ozean, und die Karawanen ziehen durch die brennende Wüste. Der stolze, millionenreiche Handelskönig, der in Hamburg in einem Palaste wohnt und am Ufer der Elbe einen fürstlichen Landbesitz sein eigen nennt, muß uns einen Teil seiner Sorgen zuwenden, und wenn ihm Handelskonjunkturen schlaflose

Nächte machen, so liegen wir behaglich hingestreckt und träumen von schönen Dingen und lassen ihn sich quälen, damit wir zu unserem Tee und unserem Tabak gelangen. Es schmeckt mir noch einmal so gut, wenn ich daran denke.«

Ach, er bedachte nicht, daß wohl der größere Teil dieses Tees an dem Ufer eines träge dahinfließenden Baches auf einem heimatlichen Weidenbaum gewachsen war, und daß dieser Tabak im besten Falle die Uckermark sein Vaterland nannte, wenn er nicht gar in Magdeburgs fruchtbaren Gefilden von derselben Rübe seinen Ursprung nahm, die die Mutter des Zuckers war, mit dem wir uns den Tee versüßt hatten.

Lebensweisheit

Johann Wilhelm Ludwig Gleim

Ich bin ein reicher Mann, ich habe
Das göttliche Geschenk, die Gabe,
Mit wenigem vergnügt zu sein:

Ich hab ein Mädchen, schön zum Küssen,
Hab einen Freund, ein gut Gewissen,
Und – täglich eine Flasche Wein!

Lebensregel

Johann Wolfgang von Goethe

Willst du dir ein hübsch Leben zimmern,
Mußt dich ums Vergangne nicht bekümmern;
Das Wenigste muß dich verdrießen;
Mußt stets die Gegenwart genießen,
Besonders keinen Menschen hassen
Und die Zukunft Gott überlassen.

Willst du dir ein gut Leben zimmern,
Mußt ums Vergangne dich nicht bekümmern;
Und wäre dir auch was verloren,
Erweise dich wie neugeboren.
Was jeder Tag will? sollst du fragen;
Was jeder Tag will, wird er sagen.
Mußt dich an eignem Tun ergötzen,
Was andre tun, das wirst du schätzen;
Besonders keinen Menschen hassen
Und das übrige Gott überlassen.

Das vergnügte Schulmeisterlein Maria Wuz
Jean Paul

Einer der liebenswertesten Lebenskünstler in der Weltliteratur trägt den Vornamen Maria. Es handelt sich um das »vergnügte Schulmeisterlein Maria Wuz im Auenthal«, dessen denkwürdiges Leben der deutsche Dichter Jean Paul, mit bürgerlichem Namen Johann Paul Friedrich Richter, im Jahre 1793 vorstellte. Jean Paul nannte seine Novelle »Eine Art Idylle«, aus gutem Grund: der Sonderling Maria Wuz übt sich von früh bis spät in der »wuzischen Kunst, stets fröhlich zu sein«. Als kleine Anleitung dazu möge der folgende Auszug dienen...

Den ganzen Tag freute sich Maria Wuz auf oder über etwas. »Vor dem Aufstehen«, sagt' er, »freu ich mich auf das Frühstück, den ganzen Vormittag aufs Mittagessen, zur Vesperzeit aufs Vesperbrot und abends aufs Nachtbrot – und so hat der Alumnus Wuz sich stets auf etwas zu spitzen.« Trank er tief, so sagt' er: »Das hat meinem Wuz geschmeckt« und strich sich den Magen. Niesete er, so sagte er: »Helf dir Gott, Wuz!« – Im fieberfrostigen Novemberwetter letzte er sich auf der Gasse mit der Vormalung des warmen Ofens und mit der närrischen Freude, daß er eine Hand um die andre unter seinem Mantel wie zu Hause stecken hatte. War der Tag gar zu toll und windig – es gibt für uns Wichte solche Hatztage, wo die ganze Erde ein Hatzhaus ist und wo die Plagen wie spaßhaft gehende Wasserkünste uns bei jedem Schritte ansprützen und einfeuchten –, so war das Meisterlein so pfiffig, daß es sich unter das Wetter hinsetzte und sich nichts darum schor; es war nicht Ergebung, die das unvermeidliche Übel aufnimmt, nicht Abhärtung, die das ungefühlte trägt, nicht Philosophie, die das verdünnte verdauet, oder Religion, die das belohnte verwindet; sondern der Gedanke ans warme Bett wars. ›Abends‹, dacht er, ›lieg ich auf alle Fälle, sie mögen mich den ganzen Tag zwicken und hetzen, wie sie wollen, unter meiner warmen Zudeck und drücke die Nase ruhig ans Kopfkissen, acht Stunden lang.‹ –

Ein andrer Paragraph aus der Wuzischen Kunst, stets fröhlich zu sein, war sein zweiter Pfiff, stets fröhlich aufzuwachen – und um dies zu können, bedient' er sich eines dritten und hob immer vom Tage vorher etwas Angenehmes für den Morgen auf, entweder gebackne Klöße oder ebensoviel äußerst gefährliche Blätter aus dem Robinson, der ihm lieber war als Homer – oder auch junge Vögel oder junge Pflanzen, an denen er am Morgen nachzusehen hatte, wie nachts Federn und Blätter gewachsen. Den dritten und vielleicht durchdachtesten Paragraphen seiner Kunst, fröhlich zu sein, arbeitete er erst aus, da er Sekundaner ward:

er wurde verliebt. –

2. *Liebeslebenskunst*

Wenn dirs in Kopf und Herzen schwirrt,
Was willst du Beßres haben!
Wer nicht mehr liebt und nicht mehr irrt,
Der lasse sich begraben.

Johann Wolfgang von Goethe

Christine
Giacomo Casanova

Er gilt, neben Don Juan, als der erfolgreichste Herzensbrecher und Verführer aller Zeiten: Giacomo Casanova. Daß er ein großer Lebenskünstler war, können Kenner seiner Biographie bestreiten, aber ein großer »Liebeskünstler« war er ja nun ganz gewiß, und da die Liebe zu den schönsten Seiten des Lebens gehört, darf der italienische Edelmann in diesem Büchlein nicht fehlen. Im folgenden ein Kapitel aus seinen Memoiren, in dem uns von einer besonders flotten Eroberung berichtet wird.

Eines Tages, als ich über den San Giobbe ging, sah ich in einer Gondel ein reich gekleidetes Bauernmädchen und blieb stehen, um sie zu betrachten. Der Bootsmann glaubte, ich wolle überfahren, und steuerte ans Ufer. Ohne mich einen Augenblick zu bedenken, stieg ich ein. Ein alter Priester, der neben dem Mädchen saß, stand auf, um mir höflich seinen Platz anzubieten, ich nötigte ihn jedoch, sich wieder zu setzen.

»Diese Schiffer«, sagte er, um eine Unterhaltung anzuknüpfen, »haben viel Glück. Der unserige hat uns am Rialto aufgenommen und verlangte nur dreißig Soldi unter der Bedingung, daß er noch mehr Leute mitfahren lassen dürfte. Nun hat er schon wieder einen Fahrgast, und sicherlich bekommt er noch mehrere.«

»Wenn ich eine Gondel benutze, darf niemand weiter einsteigen«, antwortete ich. »Dafür hat er von mir vierzig Soldi erhalten. Ich mache das mit den Bootsführern immer so, und sie nennen mich deshalb alle Exzellenz.«

Der gute Alte nahm das für bare Münze und entschuldigte sich, daß er mich nicht mit dem Titel angeredet hätte.

»Der Titel steht mir gar nicht zu«, entgegnete ich, »denn ich bin kein Edelmann, sondern einfacher Advokatenschreiber.«

»Das freut mich«, sagte nun das junge Mädchen, »ich bin gern in Gesellschaft von Leuten, die nicht mehr sind als wir. Mein Vater ist ein Landmann, der Herr hier ist sein Bruder und Pfarrer in Pr., wo ich geboren bin. Mein Vater lebt nicht mehr, meine Mutter ist schwer krank und wird auch bald sterben. Das schmerzt uns sehr, aber der Arzt hat es uns gesagt. Ich werde das ganze Vermögen meiner Eltern erben, denn ich bin ihr einziges Kind. Der Unterschied zwischen einem Advokatenschreiber und einer Pächterstochter ist am Ende nicht sehr groß. Nicht wahr, lieber Onkel?«

»Ja, liebe Christine, du siehst ja auch, daß der Herr sich zu uns gesetzt hat wie zu seinesgleichen.«

»Ei, glauben Sie denn, Herr Pfarrer, ich wäre gekommen, wenn mir Ihre Schutzbefohlene nicht auf den ersten Blick gefallen hätte?«

Bei diesen Worten lachten die guten Leutchen laut auf,

ich hielt sie daher für ein wenig einfältig, war aber keineswegs ärgerlich über diese Wahrnehmung.

»Weshalb lachen Sie, mein hübsches Mädchen? Um ihre prachtvollen Zähne zu zeigen? Ich gestehe, in ganz Venedig habe ich noch nicht so schöne gesehen.«

»Das hat mir in Venedig alle Welt gesagt, aber in Pr. haben alle Mädchen ebensolche Zähne, nicht wahr, lieber Onkel? Ich lache indessen über etwas ganz anderes, doch das sage ich Ihnen nicht.«

»Sie sollen es von mir hören«, lächelte der Pfarrer.

»Als meine Nichte Sie auf dem Kai stehen sah, flüsterte sie mir zu: ›Schau mal den Herrn dort an, das ist ein hübscher Mensch!‹ Und als dann die Gondel anlegte, war sie sehr erfreut, daß Sie zu uns einstiegen.« Während der Alte dies erzählte, gab ihm das Mädchen mit einer schmollenden Miene ein paar Schläge auf den Rücken.

»Weshalb sind Sie darüber böse, Fräulein Christine?« fragte ich. »Habe ich Ihnen nicht auch ganz offen gesagt, daß ich Sie reizend finde?«

»Das ist so für den Augenblick«, versetzte sie. »Ich kenne die jungen Herren von Venedig. Sie haben mir alle gesagt, sie fänden mich reizend, aber keiner von ihnen hat mich haben wollen, obwohl wir vierzehn Tage in der Stadt geblieben sind.«

»Das Mädel«, erklärte der Priester, »hat es sich nämlich durchaus in den Kopf gesetzt, einen Städter zum Manne zu nehmen. Sie ist eine gute Partie, denn sie erbt bare traurig, und ich will eine lustige Frau; und die letzte war so einfältig, daß sie es immer gleich der Mutter sagte, wenn ich ihr mal einen Kuß gab.«

»Ach, wie albern!« lachte Christine laut auf. »Ich habe zwar noch keinen Liebhaber gehabt, aber ich weiß genau, was ich meiner Mutter zu verschweigen hätte!«

Ich war entzückt über diese naive Offenherzigkeit.

Als die Gondel uns an das Ufer gebracht hatte, bestellte ich auf meine Kosten einen Wagen nach Treviso, der alte Priester nahm mit einem Ausdruck des herzlichsten Dankes meine Aufmerksamkeit an. Während ich im Gasthause neben dem Landeplatz ein Mittagessen auftragen ließ, erklärte der Geistliche, er wolle vor allen Dingen in die Messe gehen, und so blieb ich eine halbe Stunde mit dem hübschen Mädchen allein. Ich bot ihr den Arm und führte sie zu Tische. »Ei«, sagte sie, »wenn man uns untergefaßt gehen sieht, wird man denken, wir seien Liebesleute, und wenn das dann Ihre Braut erfährt –«

»Ich habe keine Braut«, unterbrach ich sie, »und will auch keine mehr haben, denn in ganz Venedig würde ich kein so hübsches Mädchen wie Sie wiederfinden.«

»Das tut mir Ihretwegen leid«, sagte sie, »denn wir kehren nicht nach Venedig zurück. Wie könnte ich auch sechs Monate dort bleiben?«

»Ich würde gern die Kosten tragen!«

»Wirklich? So sagen Sie es meinem Oheim. Vielleicht ist er bereit, mich noch einmal in die Stadt zu bringen.«

»In sechs Monaten würden Sie auch mich kennenlernen.«

»Ach, Sie kenne ich schon ganz gut.«

»Und würde ich Ihnen gefallen?«

»Warum nicht?«

»Würden Sie mich lieben?«

»O sehr, wenn Sie mein Mann wären!«

Verwundert musterte ich sie. Ihr seidener Rock war kostbar und doppelt so viel wert wie das schönste Gesellschaftskleid. An ihren Armen blitzten goldene Spangen. In dem tiefschwarzen Haare steckten mindestens für zweihundert Zechinen goldene Nadeln und Pfeile. Massiv goldene Ohrringe und eine goldene Kette, die mehrmals um ihren alabasterreinen Hals geschlungen war, erhöhten den rosigen, lilienweichen Glanz ihres Antlitzes. Ihr Wuchs war ohne Tadel. Sie trug das Kleid bis zum Halse zugeknöpft, gleichwohl verriet es den schönsten Busen, den man sich denken kann. Der Rock reichte nur bis zu den Knöcheln und ließ einen sehr zierlichen Fuß sehen. Ihr Gang war natürlich und ungezwungen, ihre Bewegungen frei und anmutig. Ihre prachtvollen schwarzen Augen funkelten mich lustig an, als wollten sie zu mir sagen: »Es freut mich sehr, daß Sie mich hübsch finden, und ich möchte gar gerne glücklich sein!«

Es nahm mich sehr wunder, daß ein so reizendes Kind in Venedig niemand gefunden hatte, der sie heiraten wollte oder doch betrogen hätte.

Während ich mir ihr speiste, entdeckte ich mit jedem Augenblick einen neuen Reiz an ihr, allein ich fürchtete, ihr Vertrauen einzubüßen, wenn ich irgendeine Gunst von ihr begehrt hätte, deshalb hielt ich mich vollständig zurück. Als ihr Onkel wieder erschien, gab ich ihm den Rat, seine Nichte noch einmal nach Venedig zu bringen, und erklärte mich bereit, Christine bei einer anständigen Frau einzumieten, wo sie so gut untergebracht sein sollte wie unter den Augen ihrer Mutter, zugleich erbot ich mich, die Kosten des ganzen Aufenthaltes zu tragen.

»Gut«, stimmte er zu, »machen Sie ein anständiges Haus ausfindig, schreiben Sie mir, und ich komme wieder.«

»Einverstanden. In acht Tagen wird die Sache geordnet sein.«

Darauf machte ich den Vorschlag, sie sollten beide ihre Reise erst am folgenden Morgen fortsetzen. Sie würden sich entschieden wohler fühlen, wenn sie die Nacht über sich Ruhe gegönnt hätten; dem Herrn Pfarrer sei bei seinem Alter ganz entschieden von einer allzu hastig durchgeführten Reise abzuraten.

Ich rief die Wirtin, sagte ihr, sie solle das Fuhrwerk erst zum nächsten Vormittag bereithalten, und hieß sie ein Zimmer für die Nacht zurechtmachen.

Sie hatte nur eine Stube mit zwei Betten; das eine sollte ich benutzen, das andere wollte der Pfarrer mit seiner Nichte teilen.

»Wir ziehen uns nicht aus«, sagte er, »aber Sie können es tun, genieren Sie sich nicht. Da Sie nicht mit uns fahren, können Sie ja im Bett bleiben, solange Sie wollen.«

»Ich muß mich auch ausziehen, sonst kann ich nicht schlafen«, antwortete Christine. »Mein Ankleiden geht schnell, in einer Viertelstunde bin ich fertig.«

Ich war verblüfft, doch sagte ich kein Wort. Die reizende Christine, ganz dazu geschaffen, den keuschesten Menschen zu verlocken, schlief entkleidet neben ihrem Oheim, dem Pfarrer, der freilich alt, fromm und völlig harmlos, aber dennoch ein Mann war und früher dieselben Gefühle wie jeder andere gehabt haben mußte. Mein ganz irdischer Verstand fand das unerhört, die beiden aber dachten sich offenbar gar nichts dabei. In meinem späteren Leben habe ich übrigens diesen Gebrauch auch in andern Ländern unter einfachen Bauersleuten angetroffen.

Als ich mich am Morgen darauf gefaßt machte, meinen neuen Freunden einstweilen Lebewohl sagen zu müssen, teilte mir der Pfarrer mit, es sei ihm über Nacht eingefallen, daß er in der Nähe geschwind noch eine kleine Angelegenheit ordnen könne, die in einem Tag erledigt sein würde. Christine selbst habe ihn darauf gebracht, und es wäre ihm recht lieb, wenn ich ihm den Gefallen erweisen wollte, mich seiner Nichte während dieses einen Tages anzunehmen. Das war für mich eine Überraschung, die mir das Blut zu Kopfe trieb, ich zwang mich nur mit Mühe

zur Ruhe und antwortete mit erheuchelter Gleichgültigkeit, es käme mir durchaus nicht darauf an, ob ich einen Tag früher oder später nach Venedig zurückkehrte. Wenige Minuten darauf sah ich mich allein mit der reizenden Christine, und ein ganzer langer Tag lag vor mir.

Ich erwies Christine alle möglichen Aufmerksamkeiten, ging mit ihr in die Messe, sorgte für ein ausgezeichnetes Frühstück, für ein gutes Mittagessen, für ein delikates Abendbrot, das wir mit süßem Weine würzten, aber ich versagte mir ihr gegenüber jegliche Freiheit.

Zu meiner Verwunderung kam der Pfarrer am Abend nicht zurück. Da wir ihn jedoch von Minute zu Minute erwarten mußten, so gingen wir zur Ruhe, und ich schlief alsbald ein und erwachte erst am andern Morgen. Als ich mich nach dem andern Bett umblickte, sah ich Christine noch allein.

»Guten Morgen!« rief ich ihr zu.

Sie stützte sich auf den Ellenbogen.

»Mein Onkel ist noch nicht da«, sagte sie und lächelte.

»Meine schöne Freundin«, flüsterte ich, »du bist schön wie ein Engel, ich sterbe vor Verlangen, dich zu küssen!«

»Ei, so komm und küsse mich!«

Ich sprang aus dem Bette, sie wich zurück, doch im nächsten Augenblick lag sie in meinen Armen, und wir gehörten einander an, ohne daran gedacht zu haben. Sie war selig und verwirrt, ich berauscht und erstaunt über einen solchen ohne jeden Kampf errungenen Sieg.

Man hat es oder hat es nicht
Theodor Fontane

Nur als Furioso nichts erstreben
Und fechten bis der Säbel bricht;
Es muß sich dir von selber geben –
Man hat es oder hat es nicht.

Der Weg zu jedem höchsten Glücke,
Wär das Gedräng auch noch so dicht,
Ist keine Beresina-Brücke –
Man hat es oder hat es nicht.

Glaub nicht, du könntest es doch erklimmen
Und Wolln sei höchste Kraft und Pflicht;
Was ist, ist durch Vorherbestimmen –
Man hat es oder hat es nicht.

dreitausend Taler außer dem Landbesitz. Ich habe sie in mehrere Häuser geführt, wo heiratsfähige junge Männer sind, aber die, welche ihr gefielen, wollten nichts davon wissen, und die andern, die zu haben gewesen wären, paßten ihr nicht.«

»Aber glauben Sie denn, eine Heirat macht sich so leicht wie ein Eierkuchen?« antwortete ich. »Vierzehn Tage sind in Venedig gar nichts, da müßten Sie schon ein halbes Jahr bleiben. Wenn auch ein Mädel fünfzigtausend Taler hätte, so müßte man doch erst ihren Charakter kennen, ehe man sie nimmt. Man heiratet nicht des Geldes oder der Schönheit wegen.«

»Was heißt Charakter?« fragte das junge Mädchen. »Ist das eine schöne Schrift?«

»Nein, mein Engel, man versteht darunter die Eigenschaften des Herzens und des Verstandes. Ich habe auch schon viele Mädchen gekannt, sie waren hübsch wie Sie und hatten eine gute Aussteuer, aber nachdem ich zwei Monate mit ihnen gegangen war, kam ich dahinter, daß sie mich nicht glücklich machen könnten. Die eine war so putzsüchtig, daß sie mich in kurzer Zeit bankerott gemacht hätte; die andere hatte ein Leiden, infolge dessen sie nicht hätte Mutter werden können, und wenn ich mich verheirate, will ich auch Kinder haben; eine andere wieder war zu fromm, ich mag die Betschwestern nicht leiden; wieder eine wollte klüger sein als ich, obgleich sie in jeder Minute eine Albernheit sagte; eine endlich war immerzu

Siddhartha
Hermann Hesse

Siddhartha, der Titelheld der 1922 erschienenen »Indischen Dichtung« von Hermann Hesse, verkörpert die Überzeugung des Autors, daß Erkenntnis nicht zu überliefern noch zu lehren, sondern nur durch eigene Erfahrung zu gewinnen ist. So schließt sich der junge Brahmanensohn auch nicht Buddha an, sondern wandert allein in die Welt hinaus, nichts besitzend als sein Gewand und die Kraft seiner Persönlichkeit. Als er eines Tages in einer Stadt einer wunderschönen Kurtisane begegnet, beschließt er, sich von ihr in der Liebeskunst unterweisen zu lassen. Was die Lebenskunst betrifft, ist Siddhartha hingegen selbst ein Meister, von dem die Kurtisane viel lernen kann ...

Siddhartha sah, wie schön sie war, und sein Herz lachte. Tief verneigte er sich, als die Sänfte nahe kam, und sich wieder aufrichtend blickte er in das helle holde Gesicht, las einen Augenblick in den klugen hochüberwölbten Augen, atmete einen Hauch von Duft, den er nicht kannte. Lächelnd nickte die schöne Frau, einen Augenblick, und verschwand im Hain, und hinter ihr die Diener.

»So betrete ich diese Stadt«, dachte Siddhartha, »unter einem holden Zeichen.« Es zog ihn, sogleich in den Hain zu treten, doch bedachte er sich, und nun erst ward ihm bewußt, wie ihn die Diener und Mägde am Eingang betrachtet hatten, wie verächtlich, wie mißtrauisch, wie abweisend.

»Noch bin ich ein Samana«, dachte er, »noch immer, ein Asket und Bettler. Nicht so werde ich bleiben dürfen, nicht so in den Hain treten.« Und er lachte.

Den nächsten Menschen, der des Weges kam, fragte er nach dem Hain und nach dem Namen dieser Frau, und erfuhr, daß dies der Hain der Kamala war, der berühmten Kurtisane, und daß sie außer dem Haine ein Haus in der Stadt besaß.

Dann betrat er die Stadt. Er hatte nun ein Ziel.

Sein Ziel verfolgend, ließ er sich von der Stadt einschlürfen, trieb im Strom der Gassen, stand auf Plätzen still, ruhte auf Steintreppen am Flusse aus. Gegen den Abend befreundete er sich mit einem Barbiergehilfen, den er im Schatten eines Gewölbes hatte arbeiten sehen, den er betend in einem Tempel Vishnus wiederfand, dem er von den Geschichten Vishnus und der Lakschmi erzählte. Bei den Booten am Flusse schlief er die Nacht, und früh am Morgen, ehe die ersten Kunden in seinen Laden kamen, ließ er sich von dem Barbiergehilfen den Bart rasieren und das Haar beschneiden, das Haar kämmen und mit feinem Öle salben. Dann ging er im Flusse baden.

Als am Spätnachmittag die schöne Kamala in der Sänfte sich ihrem Haine näherte, stand am Eingang Siddhartha, verbeugte sich und empfing den Gruß der Kurtisane.

Demjenigen Diener aber, der zuletzt im Zuge ging, winkte er und bat ihn, der Herrin zu melden, daß ein junger Brahmane mit ihr zu sprechen begehre. Nach einer Weile kam der Diener zurück, forderte den Wartenden auf, ihm zu folgen, führte den ihm Folgenden schweigend in einen Pavillon, wo Kamala auf einem Ruhebett lag, und ließ ihn bei ihr allein.

»Bist du nicht gestern schon da draußen gestanden und hast mich begrüßt?« fragte Kamala.

»Wohl habe ich gestern schon dich gesehen und begrüßt.«

»Aber trugst du nicht gestern einen Bart, und lange Haare, und Staub in den Haaren?«

»Wohl hast du beobachtet, alles hast du gesehen. Du hast Siddhartha gesehen, den Brahmanensohn, welcher seine Heimat verlassen hat, um ein Samana zu werden, und drei Jahre lang ein Samana gewesen ist. Nun aber habe ich jenen Pfad verlassen, und kam in diese Stadt, und die erste, die mir noch vor dem Betreten der Stadt begegnete, warst du. Dies zu sagen, bin ich zu dir gekommen, o Kamala! Du bist die erste Frau, zu welcher Siddhartha anders als mit niedergeschlagenen Augen redet. Nie mehr will ich meine Augen niederschlagen, wenn eine schöne Frau mir begegnet.«

Kamala lächelte und spielte mit ihrem Fächer aus Pfauenfedern. Und fragte: »Und nur um mir dies zu sagen, ist Siddhartha zu mir gekommen?«

»Um dir dies zu sagen, und um dir zu danken, daß du so schön bist. Und wenn es dir nicht mißfällt, Kamala, möchte ich dich bitten, meine Freundin und Lehrerin zu sein, denn ich weiß noch nichts von der Kunst, in welcher du Meisterin bist.«

Da lachte Kamala laut.

»Nie ist mir das geschehen, Freund, daß ein Samana aus dem Walde zu mir kam und von mir lernen wollte! Nie ist mir das geschehen, daß ein Samana mit langen Haaren und in einem alten zerrissenen Schamtuche zu mir kam! Viele Jünglinge kommen zu mir, und auch Brahmanensöhne sind darunter, aber sie kommen in schönen Kleidern, sie kommen in feinen Schuhen, sie haben Wohlgeruch im Haar und Geld in den Beuteln. So, du Samana, sind die Jünglinge beschaffen, welche zu mir kommen.«

Sprach Siddhartha: »Schon fange ich an, von dir zu lernen. Auch gestern schon habe ich gelernt. Schon habe ich den Bart abgelegt, habe das Haar gekämmt, habe Öl im Haare. Weniges ist, das mir noch fehlt, du Vortreffliche: feine Kleider, feine Schuhe, Geld im Beutel. Wisse, Schwereres hat Siddhartha sich vorgenommen, als solche Kleinigkeiten sind, und hat es erreicht. Wie sollte ich nicht erreichen, was ich gestern mir vorgenommen habe: dein Freund zu sein und die Freuden der Liebe von dir zu lernen! Du wirst mich gelehrig sehen, Kamala, Schwereres habe ich gelernt, als was du mich lehren sollst. Und nun also: Siddhartha genügt dir nicht, so wie er ist, mit Öl im Haar, aber ohne Kleider, ohne Schuhe, ohne Geld?« Lachend rief Kamala: »Nein, Werter, er genügt noch nicht. Kleider muß er haben, hübsche Kleider, und Schuhe, hübsche Schuhe, und viel Geld im Beutel, und Geschenke für Kamala. Weißt du es nun, Samana aus dem Walde? Hast du es dir gemerkt?«

»Wohl habe ich es mir gemerkt«, rief Siddhartha. »Wie sollte ich mir nicht merken, was aus einem solchen Munde kommt! Dein Mund ist wie ein frisch aufgebrochene Feige, Kamala. Auch mein Mund ist rot und frisch, er wird zu deinem passen, du wirst sehen. – Aber sage, schöne Kamala, hast du gar keine Furcht vor dem Samana aus dem Walde, der gekommen ist, um Liebe zu lernen?«

»Warum sollte ich denn Furcht vor einem Samana haben, einem dummen Samana aus dem Walde, der von den Schakalen kommt und noch gar nicht weiß, was Frauen sind?«

»Oh, er ist stark, der Samana, und er fürchtet nichts. Er könnte dich zwingen, schönes Mädchen. Er könnte dich rauben. Er könnte dir weh tun.«

»Nein, Samana, das fürchte ich nicht. Hat je ein Samana oder ein Brahmane gefürchtet, einer könnte kommen und ihn packen und ihm seine Gelehrsamkeit, und seine Frömmigkeit, und seinen Tiefsinn rauben? Nein, denn die gehören ihm zu eigen, und er gibt davon nur, was er geben will und wem er geben will. So ist es, genau ebenso ist es auch mit Kamala, und mit den Freuden der Liebe. Schön und rot ist Kamalas Mund, aber versuche, ihn gegen Kamalas Willen zu küssen, und nicht einen Tropfen Süßigkeit wirst du von ihm haben, der so viel Süßes zu geben versteht! Du bist gelehrig, Siddhartha, so lerne auch dies: Liebe kann man erbetteln, erkaufen, geschenkt bekommen, auf der Gasse finden, aber rauben kann man sie nicht. Da hast du dir einen falschen Weg ausgedacht. Nein, schade wäre es, wenn ein hübscher Jüngling wie du es so falsch angreifen wollte.«

Siddhartha verneigte sich lächelnd. »Schade wäre es, Kamala, wie sehr hast du recht! Überaus schade wäre es. Nein, von deinem Munde soll mir kein Tropfen Süßigkeit verlorengehen, noch dir von dem meinen! Es bleibt also dabei: Siddhartha wird wiederkommen, wenn er hat, was ihm noch fehlt: Kleider, Schuhe, Geld. Aber sprich, holde Kamala, kannst du mir noch einen kleinen Rat geben?«

»Einen Rat? Warum nicht? Wer wollte nicht gerne einem armen, unwissenden Samana, der von den Schakalen aus dem Walde kommt, einen Rat geben?«

»Liebe Kamala, so rate mir: wohin soll ich gehen, daß ich am raschesten jene drei Dinge finde?«

»Freund, das möchten viele wissen. Du mußt tun, was du gelernt hast, und dir dafür Geld geben lassen und Kleider und Schuhe. Anders kommt ein Armer nicht zu Geld. Was kannst du denn?«

»Ich kann denken. Ich kann warten. Ich kann fasten.«

»Nichts sonst?«

»Nichts. Doch, ich kann auch dichten. Willst du mir für ein Gedicht einen Kuß geben?«

»Das will ich tun, wenn dein Gedicht mir gefällt. Wie heißt es denn?«

Siddhartha sprach, nachdem er sich einen Augenblick besonnen hatte, diese Verse:

»In ihren schattigen Hain trat die schöne Kamala,
An Haines Eingang stand der braune Samana.
Tief, da er die Lotusblüte erblickte,
Beugte sich jener, lächelnd dankte Kamala.
Lieblicher, dachte der Jüngling, als Göttern zu opfern,
Lieblicher ist es, zu opfern der schönen Kamala.«

Laut klatschte Kamala in die Hände, daß die goldenen Armringe klangen.

»Schön sind deine Verse, brauner Samana, und wahrlich, ich verliere nichts, wenn ich dir einen Kuß für sie gebe.«

Sie zog ihn mit den Augen zu sich, er beugte sein Gesicht auf ihres, und legte seinen Mund auf den Mund, der wie eine frisch aufgebrochene Feige war. Lange küßte ihn Kamala, und mit tiefem Erstaunen fühlte Siddhartha, wie sie ihn lehrte, wie sie weise war, wie sie ihn beherrschte, ihn zurückwies, ihn lockte, und wie hinter diesem ersten eine lange, eine wohlgeordnete, wohlerprobte Reihe von Küssen stand, jeder vom andern verschieden, die ihn noch erwarteten. Tief atmend blieb er stehen, und war in diesem Augenblick wie ein Kind erstaunt über die Fülle des Wissens und Lernenswerten, die sich vor seinen Augen erschloß.

»Sehr schön sind deine Verse«, rief Kamala, »wenn ich reich wäre, gäbe ich dir Goldstücke dafür. Aber schwer wird es dir werden, mit Versen so viel Geld zu erwerben, wie du brauchst. Denn du brauchst viel Geld, wenn du Kamalas Freund sein willst.«

»Wie kannst du küssen, Kamala«, stammelte Siddhartha.

»Ja, das kann ich schon, darum fehlt es mir auch nicht an Kleidern, Schuhen, Armbändern und allen schönen Dingen. Aber was wird aus dir werden? Kannst du nichts als denken, fasten, dichten?«

»Ich kann auch die Opferlieder«, sagte Siddhartha, »aber ich will sie nicht mehr singen. Ich kann auch Zaubersprüche, aber ich will sie nicht mehr sprechen. Ich habe die Schriften gelesen – –«

»Halt«, unterbrach ihn Kamala. »Du kannst lesen? Und schreiben?«

»Gewiß kann ich das. Manche können das.«

»Die meisten können es nicht. Auch ich kann es nicht. Es ist sehr gut, daß du lesen und schreiben kannst, sehr gut. Auch die Zaubersprüche wirst du noch brauchen können.«

In diesem Augenblick kam eine Dienerin gelaufen und flüsterte der Herrin eine Nachricht ins Ohr.

»Ich bekomme Besuch«, rief Kamala. »Eile und verschwinde, Siddhartha, niemand darf dich hier sehen, das merke dir! Morgen sehe ich dich wieder.«

Der Magd aber befahl sie, dem frommen Brahmanen ein weißes Obergewand zu geben. Ohne zu wissen, wie ihm geschah, sah sich Siddhartha von der Magd hinweggezogen, auf Umwegen in ein Gartenhaus gebracht, mit einem Oberkleid beschenkt, ins Gebüsch geführt und dringlich ermahnt, sich alsbald ungesehen aus dem Hain zu verlieren.

Zufrieden tat er, wie ihm geheißen war. Des Waldes gewohnt, brachte er sich lautlos aus dem Hain und über die Hecke. Zufrieden kehrte er in die Stadt zurück, das zusammengerollte Kleid unterm Arm tragend. In einer Herberge, wo Reisende einkehrten, stellte er sich an die Tür, bat schweigend um Essen, nahm schweigend ein Stück Reiskuchen an. Vielleicht schon morgen, dachte er, werde ich niemand mehr um Essen bitten.

Stolz flammte plötzlich in ihm auf. Er war kein Samana mehr, nicht mehr stand es ihm an zu betteln. Er gab den Reiskuchen einem Hunde und blieb ohne Speise.

»Einfach ist das Leben, das man in der Welt hier führt«, dachte Siddhartha. »Es hat keine Schwierigkeiten. Schwer war alles, mühsam und am Ende hoffnungslos, als ich noch Samana war. Nun ist alles leicht, leicht wie der Unterricht im Küssen, den mir Kamala gibt. Ich brauche Kleider und Geld, sonst nichts, das sind kleine nahe

Ziele.« Längst hatte er das Stadthaus Kamalas erkundet, dort fand er sich am andern Tage ein.

»Es geht gut«, rief sie ihm entgegen. »Du wirst bei Kamaswami erwartet, er ist der reichste Kaufmann dieser Stadt. Wenn du ihm gefällst, wird er dich in Dienst nehmen. Sei klug, brauner Samana. Ich habe ihm durch andere von dir erzählen lassen. Sei freundlich gegen ihn, er ist sehr mächtig. Aber sei nicht zu bescheiden! Ich will nicht, daß du sein Diener wirst, du sollst seinesgleichen werden, sonst bin ich nicht mit dir zufrieden. Kamaswami fängt an, alt und bequem zu werden. Gefällst du ihm, so wird er dir viel anvertrauen.«

Siddhartha dankte ihr und lachte, und da sie erfuhr, er habe gestern und heute nichts gegessen, ließ sie Brot und Früchte bringen und bewirtete ihn.

»Du hast Glück gehabt«, sagte sie beim Abschied, »eine Tür um die andre tut sich dir auf. Wie kommt das wohl? Hast du einen Zauber?«

Siddhartha sagte: »Gestern erzählte ich dir, ich verstünde zu denken, zu warten und zu fasten, du aber fandest, das sei zu nichts nütze. Es ist aber zu vielem nütze, Kamala, du wirst es sehen. Du wirst sehen, daß die dummen Samanas im Walde viel Hübsches lernen und können, das ihr nicht könnt. Vorgestern war ich noch ein struppiger Bettler, gestern habe ich schon Kamala geküßt, und bald werde ich ein Kaufmann sein und Geld haben und all diese Dinge, auf die du Wert legst.«

»Nun ja«, gab sie zu. »Aber wie stünde es mit dir ohne mich? Was wärest du, wenn Kamala dir nicht hülfe?«

»Liebe Kamala«, sagte Siddhartha und richtete sich hoch auf, »als ich zu dir in deinen Hain kam, tat ich den ersten Schritt. Es war mein Vorsatz, bei dieser schönsten Frau die Liebe zu lernen. Von jenem Augenblick an, da ich den Vorsatz faßte, wußte ich auch, daß ich ihn ausführen werde. Ich wußte, daß du mir helfen würdest, bei deinem ersten Blick wußte ich es schon.«

»Wenn ich aber nicht gewollt hätte?«

»Du hast gewollt. Sieh, Kamala: Wenn du einen Stein ins Wasser wirfst, so eilt er auf dem schnellsten Wege zum Grunde des Wassers. So ist es, wenn Siddhartha ein Ziel, einen Vorsatz hat. Siddhartha tut nichts, er wartet, er denkt, er fastet, aber er geht durch die Dinge der Welt hindurch wie der Stein durchs Wasser, ohne etwas zu tun, ohne sich zu rühren; er wird gezogen, er läßt sich fallen. Sein Ziel zieht ihn an sich, denn er läßt nichts in seine Seele ein, was dem Ziel widerstreben könnte. Das ist es, was Siddhartha bei den Samanas gelernt hat. Es ist das, was die Toren Zauber nennen und wovon sie meinen, es werde durch die Dämonen bewirkt. Nichts wird von Dämonen bewirkt, es gibt keine Dämonen. Jeder kann zaubern, jeder kann seine Ziele erreichen, wenn er denken kann, wenn er warten kann, wenn er fasten kann.«

Kamala hörte ihm zu. Sie liebte seine Stimme, sie liebte den Blick seiner Augen.

»Vielleicht ist es so«, sagte sie leise, »wie du sprichst, Freund. Vielleicht ist es aber auch so, daß Siddhartha ein hübscher Mann ist, daß sein Blick den Frauen gefällt, daß darum das Glück ihm entgegenkommt.«

Mit einem Kuß nahm Siddhartha Abschied. »Möge es so sein, meine Lehrerin. Möge immer mein Blick dir gefallen, möge immer von dir mir Glück entgegenkommen!«

Immer singen! Immer geben!
Paul Gauguin

1891 landete der französische Maler Paul Gauguin in Papeete auf Tahiti, wo er Ruhe zum Malen und Antworten auf seine Fragen an das Leben suchte. Er bekam schnell eine Antwort, besser gesagt, eine Lehrstunde in Sachen »Lebenskunst«. Seine Lehrmeisterin war die Nichte Pomares, des letzten Königs der Eingeborenen, der ein paar Tage nach Gauguins Ankunft gestorben war...

...Die Prinzessin trat in meine Kammer, wo ich leidend, nur mit einem Paréo bekleidet, auf dem Bett lag. Wahrlich keine Art, eine Frau von Rang zu empfangen.

– *Ja orana (ich grüße dich), Gauguin,* sagte sie. Du bist krank, ich komme, um nach dir zu sehen.

– Und du heißest?

– Vaïtüa.

Vaïtüa war eine wirkliche Prinzessin, wenn es solche überhaupt noch gibt, seitdem die Europäer alles auf ihr Niveau herabgedrückt haben. Freilich war sie als einfache Sterbliche mit nackten Füßen, eine duftende Blume hinterm Ohr, in schwarzem Kleide gekommen. Sie ging in Trauer um den König Pomare, dessen Nichte sie war. Ihr Vater, Tamatoa, hatte trotz der unvermeidlichen Berührung mit Offizieren und Beamten, trotz der Empfänge bei dem Admiral niemals etwas anderes sein wollen als ein königlicher Maorie, ein gigantischer Raufbold in Momenten des Zornes und bei abendlichen Orgien ein berühmter Zecher. Er war gestorben. Vaïtüa, behauptete man, gliche ihm sehr.

Ein skeptisches Lächeln auf den Lippen, betrachtete ich diese gefallene Prinzessin mit der Dreistigkeit des eben auf der Insel gelandeten Europäers. Aber ich wollte höflich sein.

– Es ist sehr freundlich von dir, daß du gekommen bist, Vaïtüa. Wollen wir zusammen einen Absinth trinken?

Und mit dem Finger wies ich in eine Ecke der Kammer auf eine Flasche, die ich soeben gekauft hatte.

Ohne Unmut und Freude zu zeigen, ging sie einfach hin und bückte sich, um die Flasche zu nehmen. Bei dieser Bewegung spannte ihr leichtes, durchsichtiges Kleid sich über den Lenden – es waren Lenden, eine Welt zu tragen! Ja, sie war ganz gewiß eine Prinzessin! Ihre Vorfahren?

Stolze, tapfere Riesen. Fest saß ihr stolzer, wilder Kopf auf den breiten Schultern. Zuerst sah ich nur ihre Menschenfresserkiefer, ihre zum Zerreißen bereiten Zähne, den lauernden Blick eines grausamen, listigen Tieres und fand sie trotz einer schönen, edlen Stirn sehr häßlich.

Wenn ihr nur nicht einfiele, sich auf mein Bett zu setzen! Ein so schwaches Gestell könnte uns beide ja nicht tragen ...

Aber gerade das tat sie.

Das Bett krachte, hielt es jedoch aus.

Beim Trinken lernten wir uns kennen. Die Unterhaltung wollte aber nicht recht in Gang kommen, und das Schweigen machte mich verlegen. Ich beobachtete die Prinzessin insgeheim, sie sah mich aus einem Augenwinkel verstohlen an, die Zeit ging hin, und die Flasche leerte sich. Vaïtüa trank tapfer. Sie drehte sich eine tahitische Zigarette und streckte sich auf dem Bett aus, um zu rauchen. Ihre Füße strichen ganz mechanisch fortwährend über das Holz unten am Fußende, ihre Züge besänftigten sich, wurden sichtlich weich, ihre Augen glänzten, und ein regelmäßiges Pfeifen entschlüpfte ihren Lippen – mir war, als hörte ich das Schnurren einer Katze, die auf blutige Genüsse sinnt. Was für ein schwankendes Wesen der Mensch doch ist! Ich fand sie jetzt sehr schön, und als sie mit bewegter Stimme sagte: »Du gefällst mir«, überkam mich eine große Unruhe. Die Prinzessin war entschieden köstlich ...

Paul Gauguin: Tahitische Frauen, 1899

Ohne Zweifel, um mir zu gefallen, begann sie eine Fabel von La Fontaine, *Die Grille und die Ameise,* zu erzählen – eine Erinnerung aus der Zeit ihrer Kindheit bei den Schwestern, die sie unterrichtet hatten.

Die ganze Zigarette war in Brand.

– Weißt du, Gauguin, sagte die Prinzessin und erhob sich, ich liebe deinen La Fontaine nicht.

– Wie? Unsern guten La Fontaine?

– Vielleicht ist er gut, aber seine Moral ist häßlich. Ameisen ... (ihr Mund drückte Abscheu aus). Ja, Grillen, die, ah! Singen, singen, immer singen! Und stolz, ohne mich anzusehen, mit leuchtenden, ins Weite blikkenden Augen fügte sie hinzu:

– Wie herrlich war unser Reich, als noch nichts verkauft wurde! Das ganze Jahr hindurch wurde gesungen ... Singen, immer! Immer geben! ...

Und sie ging.

Ich legte mich wieder auf mein Kissen zurück, und lange klangen die Worte: *Ja orana, Gauguin,* schmeichelnd in mir nach.

Die Stecknadeln
Guy de Maupassant

»Ach, mein Lieber, was für ein Geschmeiß sind doch die Frauen!«

»Warum sagst du das?«

»Weil sie mir einen abscheulichen Streich gespielt haben.«

»Dir?« – »Ja, mir.«

»Die Frauen schlechthin, oder nur *eine* Frau?«

»Zwei Frauen.«

»Zwei gleichzeitig?« – »Ja.«

»Was für einen Streich denn?«

Die beiden jungen Leute saßen vor einem großen Boulevard-Café und tranken mit Wasser vermischte Liköre, jene Apéritifs, die wie aus allen Farbabschattungen eines Aquarellfarbkastens zusammengesetzte Kräuteraufgüsse aussehen. Sie waren etwa gleichaltrig: fünfundzwanzig bis dreißig. Der eine war blond, der andere braun. Sie waren von der Halbeleganz der Pfuschmakler, der Leute, die zur Börse und in die Salons gehen, die überall verkehren, überall leben, überall lieben.

Der Braune fuhr fort:

»Nicht wahr, ich habe dir von meiner Liaison erzählt, der mit der kleinen Bürgersfrau, die ich am Strand von Dieppe kennengelernt habe?«

»Ja.«

»Mein Lieber, du weißt, wie die Dinge liegen. Ich hatte eine Geliebte in Paris, eine, die ich unendlich liebhatte, eine alte Freundin, eine gute Freundin, mit einem Wort: eine Gewohnheit, und darauf lege ich Wert.«

»Auf deine Gewohnheit?«

»Ja, auf meine Gewohnheit und auf sie. Sie ist außerdem mit einem hochanständigen Mann verheiratet, und den habe ich ebenfalls sehr gern; ein guter, herzhaft-herzlicher Kerl, ein wahrer Kamerad! Kurz und gut: ein Haus, in dem ich heimisch geworden bin.«

»Na, und?«

»Ja, und! Die beiden können nicht aus Paris fort, und also habe ich in Dieppe als Witwer dagestanden.«

»Warum bist du denn nach Dieppe gefahren?«

»Der Luftveränderung wegen. Man kann nicht immer und ewig auf dem Boulevardpflaster herumlaufen.«

»Und da?«

»Und da habe ich am Strand die Kleine kennengelernt, von der ich dir erzählt habe.«

»Die Frau des Bürochefs?«

»Ja. Sie langweilte sich schauderhaft. Ihr Mann kam übrigens immer nur sonntags, und er ist gräßlich. Ich verstehe sie vollkommen. Und da haben wir also zusammen gelacht und getanzt.«

»Und das übrige?«

»Auch, später. Kurz und gut: wir haben Bekanntschaft geschlossen, Gefallen aneinander gefunden, ich habe es ihr gesagt, sie hat es mich wiederholen lassen, damit sie es besser verstand, und dann weiter keine Einwände erhoben.«

»Hast du sie geliebt?«

»Ja, ein bißchen; sie ist sehr nett.«

»Und die andere?«

»Die war doch in Paris! Kurz und gut: sechs Wochen lang ist alles tadellos gegangen, und wir sind im besten Einvernehmen zurück nach hier gefahren. Verstehst du dich darauf, mit einer Frau zu brechen, wenn diese Frau sich dir gegenüber nicht das mindeste hat zuschulden kommen lassen?«

»Nur zu gut.«

»Wie fängst du das an?«

»Ich lasse sie einfach sitzen.«

»Und wie tust du das: sie einfach sitzenzulassen?«

»Ich gehe nicht mehr zu ihr.«

»Aber wenn sie nun zu dir kommt?«

»Dann ... bin ich nicht zu Hause.«

»Und wenn sie wiederkommt?«

»Dann sage ich ihr, mir sei nicht ganz wohl.«

»Und wenn sie dich dann pflegen will?«

»Dann ... benehme ich mich schlecht gegen sie.«

»Und wenn sie das schluckt?«

»Dann schreibe ich ihrem Mann anonyme Briefe, er solle an den Tagen, da sie immer zu mir kam, besonders gut auf sie aufpassen.«

»Schwierige Sache! Ich habe keine Widerstandskraft. Ich verstehe mich nicht auf die Herbeiführung eines Bruchs. Ich lege mir lieber eine Sammlung an. Manche sehe ich jährlich nur einmal, andere nur alle zehn Monate, wieder andere am Quartalsende, und noch andere an den Tagen, da sie Lust haben, auswärts zu Abend zu essen. Die, zwischen denen ich Abstand walten lasse, stören mich nicht, aber ich habe häufig Ungelegenheiten mit den Neuen, um sie richtig einzugliedern.«

»Also ...«

»Also, mein Lieber, die kleine Ministerialbeamtengattin war Feuer und Flamme; wie ich dir schon sagte: es ließ sich nichts gegen sie einwenden! Da ihr Mann jeden Tag ins Büro mußte, fing sie an, ohne vorherige Anmeldung zu mir zu kommen. Zweimal wäre sie beinah mit meiner ›Gewohnheit‹ zusammengetroffen.«

»Ei wei!«

»Ja. Deswegen habe ich jeder ihre bestimmten Tage zugeteilt, feste Tage, damit es kein Durcheinander gab. Montags und samstags die von früher, dienstags, donnerstags und sonntags die Neue.«

»Warum wird die bevorzugt?«

»Ach mein Lieber – sie ist die jüngere.«

»Somit hast du also wöchentlich nur zwei Verschnauftage gehabt.«

»Genügt mir.«

»Herzlichen Glückwunsch!«

»Und nun stell dir vor, daß mir die lächerlichste und ärgerlichste Geschichte von der Welt passiert ist. Vier Monate lang ist alles tadellos gegangen; ich schlief auf beiden Ohren und war sehr glücklich, das kann man schon sagen, dann ist letzten Montag alles plötzlich zusammengekracht.

Zur verabredeten Stunde, Viertel nach eins, wartete ich auf meine ›Gewohnheit‹ und rauchte eine gute Zigarre.

Ich träumte vor mich hin, war sehr mit mir zufrieden, und da merkte ich, daß es schon über die Zeit war. Das überraschte mich; sie ist nämlich sehr pünktlich. Doch ich glaubte an eine kleine, zufallsbedingte Verspätung. Aber es geht eine halbe Stunde hin, dann eine ganze, dann anderthalb Stunden, und ich begriff, daß sie aus irgendeinem Grunde verhindert worden war, durch eine Migräne vielleicht, oder einen trödelnden Besucher. Solch eine unnütze Warterei ist sehr langweilig, langweilig und nervenaufreibend. Na, schließlich fand ich mich damit ab, verließ das Haus, und da ich nicht wußte, was ich anfangen sollte, ging ich zu ihr.

Ich betraf sie beim Lesen eines Romans.

›Na?‹ habe ich sie gefragt.

In aller Ruhe hat sie geantwortet:

›Mein Lieber, ich habe nicht kommen können; ich bin verhindert worden.‹

›Wodurch?‹

›Ich war ... beschlagnahmt.‹

›Wieso denn: beschlagnahmt?‹

›Durch einen sehr lästigen Besuch.‹

Ich meinte, sie wolle mir den wahren Grund nicht sagen, und da sie vollkommen unbeirrt blieb, machte ich mir weiter keine Gedanken. Ich verließ mich darauf, daß ich am nächsten Tage die verlorene Zeit mit der andern wettmachen würde.

Am Dienstag also war ich sehr ... sehr aufgeregt und sehr verliebt in der Erwartung der kleinen Ministerialbeamtenfrau, und sogar ein bißchen verwundert, daß sie nicht schon vor der vereinbarten Zeit kam. Alle Augenblicke sah ich zur Wanduhr hin und verfolgte voller Ungeduld den Lauf des Zeigers.

Ich sah ihn über Viertel nach hinweggleiten, dann über halb, dann auf zwei Uhr... Ich konnte nicht mehr ruhig sitzenbleiben; mit großen Schritten durchquerte ich mein Zimmer, lehnte die Stirn ans Fenster und das Ohr an die Tür; ich wollte horchen, ob sie nicht die Treppe heraufkomme.

Es wurde halb drei, es wurde drei! Ich nahm meinen Hut und lief zu ihr. Sie las, mein Lieber, las einen Roman!

›Na?‹ habe ich sie beklommen gefragt.

Genauso ruhig wie meine ›Gewohnheit‹ hat sie geantwortet:

›Mein Lieber, ich habe nicht kommen können; ich bin verhindert worden.‹

›Wodurch?‹

›Ich war... beschlagnahmt.‹

›Wieso denn: beschlagnahmt?‹

›Durch einen lästigen Besuch.‹

Zwar stieg in mir sogleich der Gedanke auf, sie wisse alles; aber sie wirkte so sanft, so still, daß ich schließlich meinen Argwohn verscheuchte und an ein absonderliches Zusammentreffen glaubte; denn eine solche Verstellung ihrerseits konnte ich mir nicht vorstellen. Und nach einer Stunde freundschaftlichen Geplauders, die übrigens durch das Hereinkommen ihrer kleinen Tochter zwanzigmal unterbrochen wurde, blieb mir nichts übrig, als recht verdattert das Feld zu räumen.

Und stell dir vor: am folgenden Tage...«

»War es dasselbe?«

»Ja ... und am nächstfolgenden ebenfalls. Und so ist es drei Wochen lang gegangen, ohne daß eine Erklärung erfolgte, ohne daß irgend etwas mir dies bizarre Verhalten enthüllte; allein ich ahnte bereits, was dahintersteckte.«

»Die beiden hatten alles herausbekommen?«

»Das kann man schon sagen! Aber wie? Auf welche Weise? Ich habe mir gehörig den Kopf zermartert, ehe ich darauf kam.«

»Wie hast du es denn erfahren?«

»Brieflich. Sie haben mir beide am selben Tage in denselben Ausdrücken den definitiven Abschied erteilt.«

»Und...?«

»Hör zu ... Du weißt, mein Lieber, daß die Frauen

stets eine wahre Heerschar von Stecknadeln an sich tragen. In Haarnadeln kenne ich mich aus, bin auf der Hut und passe auf; aber die andern, die sind weit perfider, diese verdammten kleinen Stecknadeln mit den schwarzen Köpfen, die uns sämtlich eine wie die andre vorkommen, uns Rindviechern, die *sie* jedoch zu unterscheiden wissen, wie wir ein Pferd von einem Hunde unterscheiden.

Anscheinend hat meine kleine Ministerialin eines Tages eins dieser aufschlußreichen Geräte neben meinem Spiegel an die Wandbespannung gesteckt.

Meine ›Gewohnheit‹ hat auf den ersten Blick das flohgroße schwarze Pünktchen bemerkt, es, ohne was zu sagen, herausgezogen und an die gleiche Stelle eine ihrer eigenen Nadeln gesteckt; die sind ebenfalls schwarz, aber ein anderes Fabrikat.

Am andern Tag hat die Ministerialbeamtenfrau ihr Eigentum wieder an sich nehmen wollen und ist sich sogleich der Unterschiebung innegeworden; da hat sie Verdacht geschöpft und hat zwei hineingesteckt, über Kreuz.

Die ›Gewohnheit‹ hat dieses telegraphische Zeichen mit drei schwarzen Kügelchen beantwortet, eins über dem andern.

Nachdem dieser Umgang einmal angefangen hatte, haben sie damit fortgefahren, ohne ein Wort, nur um sich zu bespitzeln. Dann hat anscheinend die ›Gewohnheit‹ als die Beherztere um die dünne stählerne Spitze einen winzigen Zettel gewickelt, das Inhalts: ›Postlagernd Boulevard Malesherbes, C. D.‹

Und dann haben sie einander geschrieben. Ich war erledigt. Du kannst dir denken, daß sie es nicht für sich behalten haben. Behutsam, mit tausend Listen, mit aller Abgefeimtheit sind sie vorgegangen, die sich in solcherlei Fällen empfiehlt. Aber die ›Gewohnheit‹ hat einen kühnen Entschluß gefaßt und sich mit der andern getroffen.

Was sie einander gesagt haben, das weiß ich nicht! Ich weiß nur, daß ihre Auseinandersetzung auf meine Kosten erfolgt ist. Und nun haben wir den Salat!«

»Ist das alles?«

»Ja.«

»Du siehst sie also nicht mehr?«

»Doch, doch, aber nur als Freund; endgültig gebrochen haben wir nicht.«

»Und haben die beiden einander wiedergesehen?«

»Freilich, mein Lieber; dicke Freundinnen sind sie geworden.«

»Sieh mal einer an! Und dabei fällt dir nichts ein?«

»Nein. Was denn?«

»Du Simpel! Bring sie doch dahin, daß sie ihre Nadeln in Zukunft gleichzeitig einstecken!«

3. Mehr scheinen als sein – Von Bluffern, Blendern und anderen Schelmen

Die Welt urteilt nach dem Scheine.
Johann Wolfgang von Goethe

Kleider machen Leute
Gottfried Keller

»Mehr scheinen als sein« – auch die Umkehrung der berühmten Preußen-Maxime »Mehr sein als scheinen« kann sich als Handlungsanweisung für die Kunst des Lebens bewähren, vorausgesetzt, der Schein blendet. Der in diesem Sinne »blendendste» Lebenskünstler ist ohne Frage Gottfried Kellers armes Schneiderlein in der Novelle »Kleider machen Leute«.
Weil der Hungerleider einen mit schwarzem Samt ausgeschlagenen Mantel trägt, der ihm ein edles Aussehen verleiht, wird er in einer Gaststätte von katzbuckelnden Wirtsleuten aufs vorzüglichste bedient...

Während dieser umständlichen Zubereitungen befand sich der Schneider in der peinlichsten Angst, da der Tisch mit glänzendem Zeug gedeckt wurde, und so heiß sich der ausgehungerte Mann vor kurzem noch nach einiger Nahrung gesehnt hatte, so ängstlich wünschte er jetzt der drohenden Mahlzeit zu entfliehen. Endlich faßte er sich einen Mut, nahm seinen Mantel um, setzte die Mütze auf und begab sich hinaus, um den Ausweg zu gewinnen. Da er aber in seiner Verwirrung und in dem weitläufigen Hause die Treppe nicht gleich fand, so glaubte der Kellner, den der Teufel beständig umhertrieb, jener suche eine gewisse Bequemlichkeit, rief: »Erlauben Sie gefälligst, mein Herr, ich werde Ihnen den Weg weisen!« und führte ihn durch einen langen Gang, der nirgend anders endigte als vor einer schön lackierten Türe, auf welcher eine zierliche Inschrift angebracht war.

Also ging der Mantelträger ohne Wiederspruch, sanft wie ein Lämmlein, dort hinein und schloß ordentlich hinter sich zu. Dort lehnte er sich bitterlich seufzend an die Wand und wünschte der goldenen Freiheit der Landstraße wieder teilhaftig zu sein, welche ihm jetzt, so schlecht das Wetter war, als das höchste Glück erschien.

Doch verwickelte er sich jetzt in die erste selbständige Lüge, weil er in dem verschlossenen Raume ein wenig verweilte, und er betrat hiemit den abschüssigen Weg des Bösen.

Unterdessen schrie der Wirt, der ihn gesehen hatte im Mantel dahin gehen: »Der Herr friert! Heizet mehr ein im Saal! Wo ist die Lise, wo ist die Anne? Rasch einen Korb Holz in den Ofen und einige Hände voll Späne, daß es brennt! Zum Teufel, sollen die Leute in der Waage im Mantel zu Tisch sitzen?«

Und als der Schneider wieder aus dem langen Gange hervorgewandelt kam, melancholisch wie der umgehende Ahnherr eines Stammschlosses, begleitete er ihn mit hundert Komplimenten und Handreibungen wiederum in den verwünschten Saal hinein. Dort wurde er ohne ferneres Verweilen an den Tisch gebeten, der Stuhl zurechtgerückt, und da der Duft der kräftigen Suppe, dergleichen er lange nicht gerochen, ihn vollends seines Willens beraubte, so ließ er sich in Gottes Namen nieder und tauchte sofort den schweren Löffel in die braungoldene Brühe. In tiefem Schweigen erfrischte er seine matten Lebensgeister und wurde mit achtungsvoller Stille und Ruhe bedient.

Als er den Teller geleert hatte und der Wirt sah, daß es ihm wohl schmeckte, munterte er ihn höflich auf, noch einen Löffel voll zu nehmen, das sei gut bei dem rauhen Wetter. Nun wurde die Forelle aufgetragen, mit Grünem bekränzt, und der Wirt legte ein schönes Stück vor. Doch der Schneider, von Sorgen gequält, wagte in seiner Blödigkeit nicht, das blanke Messer zu brauchen, sondern hantierte schüchtern und zimperlich mit der silbernen Gabel daran herum. Das bemerkte die Köchin, welche zur Türe hereinguckte, den großen Herren zu sehen, und sie sagte zu den Umstehenden: »Gelobt sei Jesus Christ! Der weiß noch einen feinen Fisch zu essen, wie es sich gehört, der sägt nicht mit dem Messer in dem zarten Wesen herum, wie wenn er ein Kalb schlachten wollte. Das ist ein Herr von großem Hause, darauf wollt ich schwören! Und wie schön und traurig er ist! Gewiß ist er in ein armes Fräulein verliebt, das man ihm nicht lassen will! Ja, ja, die vornehmen Leute haben auch ihre Leiden!«

Inzwischen sah der Wirt, daß der Gast nicht trank, und sagte ehrerbietig: »Der Herr mögen den Tischwein nicht; befehlen Sie vielleicht ein Glas guten Bordeaux, den ich bestens empfehlen kann?«

Da beging der Schneider den zweiten selbsttätigen Fehler, indem er aus Gehorsam ja statt nein sagte, und alsbald verfügte sich der Waagwirt persönlich in den Keller, um eine ausgesuchte Flasche zu holen; denn es lag ihm alles daran, daß man sagen könne, es sei etwas Rechtes im Ort zu haben. Als der Gast von dem eingeschenkten Weine wiederum aus bösem Gewissen ganz kleine Schlücklein nahm, lief der Wirt voll Freuden in die Küche, schnalzte mit der Zunge und rief: »Hol mich der Teufel, der versteht's, der schlürft meinen guten Wein auf die Zunge, wie man einen Dukaten auf die Goldwaage legt!«

»Gelobt sei Jesus Christ!« sagte die Köchin, »ich hab's ja behauptet, daß er's versteht!«

So nahm die Mahlzeit denn ihren Verlauf, und zwar sehr langsam, weil der arme Schneider immer zimperlich und unentschlossen aß und trank und der Wirt, um ihm Zeit zu lassen, die Speisen genugsam stehenließ. Trotzdem war es nicht der Rede wert, was der Gast bis jetzt zu sich genommen; vielmehr begann der Hunger, der immerfort so gefährlich gereizt wurde, nun den Schrecken zu überwinden, und als die Pastete von Rebhühnern erschien, schlug die Stimmung des Schneiders gleichzeitig um, und ein fester Gedanke begann sich in ihm zu bilden. »Es ist jetzt einmal, wie es ist!« sagte er sich, von einem neuen Tröpflein Weines erwärmt und aufgestachelt; »nun wäre ich ein Tor, wenn ich die kommende Schande und Verfolgung ertragen wollte, ohne mich dafür sattgegessen zu haben! Also vorgesehen, weil es noch Zeit ist! Das Türmchen, was sie da aufgestellt haben, dürfte leichtlich die letzte Speise sein, daran will ich mich halten, komme, was da wolle! Was ich einmal im Leibe habe, kann mir kein König wieder rauben!«

Gesagt, getan; mit dem Mute der Verzweiflung hieb er in die leckere Pastete, ohne an ein Aufhören zu denken, so daß sie in weniger als fünf Minuten zur Hälfte geschwunden war und die Sache für die Abendherren sehr bedenklich zu werden begann. Fleisch, Trüffeln, Klößchen, Boden, Deckel, alles schlang er ohne Ansehen der Person hinunter, nur besorgt, sein Ränzlein vollzupacken, ehe das Verhängnis hereinbräche...

Lebenskunst
Eugen Roth

Ein Mensch bewahrt, obwohl gescheit,
Sich seine Seelen-Dunkelheit.
Strömt dann das Gnadenlicht herein,
So gibt es doppelt hellen Schein:
Ein hohes Glück, das nie erfährt
Ein Unmensch, längst schon aufgeklärt.

Die Einmillion-Pfund-Note
Mark Twain

Wie ergeht es einem armen, aber aufgeweckten Manne, der einen einzigen Geldschein sein eigen nennt – eine Einmillion-Pfund-Note allerdings –, muß er Hungers sterben, oder kann er leben wie die Made im Speck? Diese Frage stellen sich zwei exzentrische englische Bankiers und wetten auf ihre Meinungen. Wer am Ende recht behält, wird schon am Anfang dieser köstlichen Erzählung von Mark Twain deutlich ...

Mit siebenundzwanzig Jahren bekleidete ich in San Franzisko eine Stellung im Kontor eines Minenmaklers und hatte mir dabei eine gründliche Kenntnis dieses Geschäftszweiges nach allen Richtungen erworben. Ich stand allein auf der Welt und nannte nichts mein eigen als meinen gesunden Verstand und einen fleckenlosen Ruf; doch hatten sich diese beiden Güter mir bisher als kräftige Stützen auf meinem Wege zum Glück erwiesen, und so schaute ich frohen Mutes in die Zukunft.

An den Sonnabenden hatte ich den Nachmittag für mich und brachte diese freie Zeit meist auf dem Wasser zu, indem ich mich in einem kleinen Segelboot in der Bucht herumtrieb. Dabei wagte ich mich eines Tages zu weit hinaus, so daß ich in die offene See getrieben wurde. Schon brach die Nacht herein, und meine letzte Hoffnung begann zu schwinden, als mich eine kleine Brigg, die auf ihrem Weg nach London vorübersegelte, an Bord nahm.

Sie hatte eine lange, stürmische Fahrt, und ich mußte das Reisegeld als gemeiner Matrose abverdienen. In zerlumpten, abgeschabten Kleidern stieg ich in London an Land, einen einzigen Dollar in der Tasche, der mir Nahrung und Obdach für die ersten vierundzwanzig Stunden verschaffte. Die folgenden vierundzwanzig dagegen verbrachte ich ohne diese schätzenswerten irdischen Güter...

Müde und hungrig schleppte ich mich – es mochte etwa zehn Uhr sein – an Portland-Place vorüber, als ein Kind, das an der Hand seiner Wärterin des Weges kam, eine köstliche große Birne, die es eben erst angebissen hatte, in den Rinnstein fallen ließ. Ich machte sofort Halt und heftete einen begehrlichen Blick auf diesen schmutztriefenden Schatz. Der Mund wässerte mir, mein Magen bäumte sich auf, jede Faser an mir lechzte darnach. Aber so oft ich Miene machte, nach der Birne zu greifen – jedesmal bemerkte das Auge eines Vorübergehenden mein Vorhaben; natürlich richtete ich mich dann stets wieder kerzengerade auf und nahm eine gleichgültige Miene an, als hätte ich überhaupt niemals im entferntesten an diese Birne gedacht. So ging es immer und immer wieder, und ich konnte der Birne nicht habhaft werden. Bereits hatte meine Verzweiflung einen solchen Grad erreicht, daß ich allem Schamgefühl zum Trotz im Begriffe stand, die Birne ganz offen aufzuheben, als hinter mir ein Fenster aufging und ein Herr die Worte an mich richtete: »Bitte, kommen Sie hier herein.«

Ein reich gekleideter Diener ließ mich ein und führte mich in ein kostbar eingerichtetes Zimmer, in welchem zwei ältliche Herren saßen. Nachdem sie den Diener weggeschickt, forderten sie mich auf, Platz zu nehmen. Sie waren eben erst mit ihrem Frühstück fertig geworden, und der Anblick der Überreste desselben ging fast über meine Kräfte. Ich vermochte kaum meine fünf Sinne zusammenzuhalten, während ich jene Herrlichkeiten vor mir stehen sah; da man mich jedoch nicht aufforderte, davon zu kosten, so mußte ich mich eben in meine üble Lage fügen so gut es ging. Der Vorgang, der sich hier kurz zuvor abgespielt hatte, blieb mir selbst zwar noch geraume Zeit völlig unbekannt, dem Leser dagegen will ich die Umstände schon jetzt mitteilen. Die beiden Brüder hatten am Tage vorher einen ziemlich heftigen Disput gehabt, den sie ganz nach Landessitte schließlich in Form einer Wette beilegten.

Man erinnert sich vielleicht, daß die Bank von England seinerzeit einmal bei Gelegenheit eines Geschäftes, das die Regierung mit einer auswärtigen Macht abschloß, eigens nur zu diesem Zwecke zwei Noten von je einer Million Pfund Sterling ausgab. Aus irgendeinem Grunde war nur die eine der beiden Noten gebraucht und dann entwertet worden, während die andere noch in den Gewölben der

Bank lag. Nun waren die beiden Brüder im Laufe des Gesprächs ganz zufällig auf die Erörterung der Frage verfallen, wie es wohl einem durchaus ehrlichen und gescheiten Fremden ergehen würde, der in London auftauchte, ohne daselbst einen Menschen zu kennen, zugleich ohne allen weiteren Geldbesitz außer dieser Millionenbanknote und endlich ohne die Möglichkeit, sich über deren Erwerb auszuweisen. Bruder A. behauptete, der Betreffende müsse einfach Hungers sterben, während Bruder B. durchaus entgegengesetzter Meinung war. Bruder A. machte geltend, derselbe könnte ja die Note weder bei der Bank noch sonstwo anbringen, ohne auf der Stelle festgenommen zu werden. In dieser Weise stritten sie so lange hin und her, bis Bruder B. sich schließlich bereit erklärte, zwanzigtausend Pfund darauf zu wetten, daß der Fremde dreißig Tage lang *unfehlbar* von der Millionen-Note leben könne und zwar ohne ins Gefängnis zu kommen.

Bruder A. nahm die Wette an, worauf Bruder B. sich ohne Verzug nach der Bank begab und die Note kaufte. Echt englisch, wie man sieht: geradewegs forsch aufs Ziel los! Er ließ sodann von einem seiner Angestellten einen Brief in schöner Rundschrift dazu ausfertigen, und nun warteten die beiden Brüder am Fenster einen ganzen Tag lang auf einen Vorübergehenden, der darnach aussähe, als käme bei ihm das inhaltschwere Schriftstück in die richtigen Hände.

Es kamen viele ehrliche Gesichter vorüber, die aber nicht gescheit genug aussahen; andere, bei denen das Umgekehrte der Fall war, und viele wiederum, bei denen beides zutraf; aber diese waren dann entweder nicht arm genug oder, wofern auch dieses stimmte, doch keine Fremden. Stets hatte die Sache irgendeinen Haken, bis ich auftauchte. Bei mir hatten beide sofort den Eindruck, daß sämtliche Erfordernisse in vollem Umfang erfüllt seien; die Wahl war demnach einstimmig auf mich gefallen, und da saß ich nun und harrte der Eröffnung, wozu man mich hereingerufen habe. Zuvörderst hatte ich ein eingehendes Examen über meine persönlichen Verhältnisse zu bestehen, infolgedessen sie bald genug mit meiner ganzen Geschichte bekannt waren; das Ergebnis ging dahin, ich sei ganz der richtige Mann für ihr Vorhaben. Ich erwiderte, das sei mir höchst erfreulich, ich bitte mir nur sagen zu wollen, worin dieses bestehe. Hierauf händigte mir der eine der beiden einen verschlossenen Briefumschlag ein mit dem Bemerken, darinnen sei die Erklärung enthalten. Ich wollte den Umschlag ohne weiteres öffnen, allein dies ließ er nicht zu; ich solle denselben nur mit nach Hause nehmen, den Inhalt aufmerksam ansehen und dann mit vollem Bedacht und ruhiger Überlegung handeln. Einigermaßen verdutzt meinte ich, es wäre mir doch lieber, wenn die Sache etwas genauer erörtert werden könnte, sie ließen sich jedoch nicht darauf ein; so verabschiedete ich mich denn, tief gekränkt über den schlechten Scherz, den man sich offenbar mit mir erlaubt hatte, und voll Grimm über meine dermalige Lage, in der ich mir diesen Schimpf von so reichen und mächtigen Leuten ruhig mußte gefallen lassen.

Die Birne hätte ich jetzt unfehlbar aufgehoben und vor aller Welt verzehrt, aber sie war leider nicht mehr da. Also auch darum hatte mich die unselige Geschichte gebracht! Diese Vorstellung war nicht eben dazu angetan, mich sanfter gegenüber den beiden alten Herren zu stimmen. Sobald ich aus Sichtweite des Hauses war, öffnete ich den Umschlag. Ich erblickte eine Banknote! Da erschienen mir die Herren in ganz anderem Lichte. Ohne mich einen Augenblick zu besinnen, schob ich den Brief samt dem Geld in die Westentasche und lief spornstreichs nach der nächsten billigen Speisewirtschaft. Nun, wie ich da einhieb, das mußte man sehen! Als schließlich nichts mehr in mich hineinging, nahm ich die Note aus der Tasche und faltete sie auseinander. Beim ersten Blick darauf wäre ich beinahe in Ohnmacht gefallen. Eine Million Pfund gleich fünf Millionen Dollars!! Mir wirbelte der Kopf bei der bloßen Vorstellung.

Eine volle Minute dauerte es gewiß, bis ich aus der Betäubung, in welche mich der Anblick der Note versetzte, heraus und wieder ordentlich zu mir kam. Das erste, was mir nun ins Auge fiel, war der Wirt. Wie versteinert stand er da, starr den Blick auf die Banknote gerichtet. Es sah aus, als sei er vor lauter Verzückung nicht mehr imstande, ein Glied zu rühren. Augenblicklich hatte ich den Entschluß gefaßt, der bei dieser Sachlage der einzig vernünftige war. Ich streckte ihm die Note hin und sagte dabei in unbefangenem Tone:

»Bitte, wollen Sie mir herausgeben.«

Diese Anrede gab ihm sein geistiges Gleichgewicht wieder. Er erschöpfte sich in Entschuldigungen, daß er nicht imstande sei, die Note zu wechseln, und wollte dieselbe um keinen Preis annehmen. Nur anschauen wollte er sie, immer wieder anschauen; es war, als könnte er sich nicht satt daran sehen; vor ihrer Berührung dagegen scheute er zurück, als wäre sie ein geweihter Gegenstand, viel zu heilig für die Hände eines Sterblichen.

»Es tut mir leid, wenn ich Ihnen Mühe mache«, begann ich wieder, »allein ich muß darauf bestehen, daß Sie mir auf die Note herausgeben, ich habe kein Kleingeld.«

Das mache ganz und gar nichts, versetzte er, er lasse diese unbedeutende Zeche ganz gern bis zum nächstenmal stehen. Ich erwiderte, es könne lange dauern, bis ich wieder bei ihm vorbei komme; allein er versicherte abermals, das habe nichts auf sich, er könne wohl warten; ich könne überhaupt zu jeder Zeit bei ihm haben was ich wolle und den Betrag dafür stehen lassen, so lange es mir beliebe. Ich werde doch nicht von ihm glauben, daß er einem so reichen Herrn wie ich bloß deshalb kein Vertrauen schenke, weil derselbe ein lustiger Kauz sei, der aus Ulk gern in geringer Kleidung unter die Leute gehe.

Unterdessen hatten sich weitere Gäste eingefunden; auch jetzt gab er mir noch durch Zeichen zu verstehen, ich solle das Ungetüm doch nur wieder einstecken; und als ich dann fortging, machte er einen Bückling um den andern hinter mir drein bis zur Tür...

Glückspilz
Wilhelm Busch

Geboren ward er ohne Wehen
Bei Leuten, die mit Geld versehen.
Er schwänzt die Schule, lernt nicht viel,
Hat Glück bei Weibern und im Spiel,
Nimmt eine Frau sich, eine schöne,
Erzeugt mit ihr zwei kluge Söhne,
Hat Appetit, kriegt einen Bauch,
Und einen Orden kriegt er auch,
Und stirbt, nachdem er aufgespeichert
Ein paar Milliönchen, hochbetagt;
Obgleich ein jeder weiß und sagt:
»Er war mit Dummerjan geräuchert!«

Die Musterung
Thomas Mann

»Bekenntnisse des Hochstaplers Felix Krull« lautet der Titel eines der meistgelesenen Werke Thomas Manns. Felix, das heißt bekanntlich »der Glückliche«, hat als Sohn eines bankrotten Sektfabrikanten keine guten Karten für das Spiel des Lebens, außer seinem guten Aussehen und seinen guten Umgangsformen. So versucht sich der sympathische Schelm im Hochstapeln, um Zutritt zur feinen Gesellschaft zu erlangen. Wie ausgereift seine Schauspielkunst ist, wird im folgenden Auszug deutlich: Da simuliert er höchst effektiv einen epileptischen Anfall, um dem Wehrdienst zu entgehen ...

... »Treten Sie näher heran!« sagte der Stabsarzt. Seine Stimme war meckernd und etwas schwach. Ich gehorchte ihm willig, und dicht vor ihm stehend tat ich mit einer gewissen törichten, doch nicht ungefälligen Bestimmtheit den Ausspruch: »Ich bin vollkommen diensttauglich.«

»Das entzieht sich Ihrer Beurteilung!« versetzte ärgerlich jener, indem er den Kopf vorstreckte und lebhaft schüttelte. »Antworten Sie auf das, was ich Sie frage, und enthalten Sie sich eigener Bemerkungen!«

»Gewiß, Herr Generalarzt«, sprach ich leise, obgleich ich wohl wußte, daß er nichts weiter als Oberstabsarzt war, und blickte ihn mit erschrockenen Augen an ...

»Heben Sie die Arme! Nennen Sie Ihr Zivilverhältnis!: sagte er und legte mir gleichzeitig, wie der Schneider tut, ein grünes, weißbeziffertes Meterband um Brust und Rücken.

»Ich beabsichtige«, antwortete ich, »die Hotelkarriere einzuschlagen.«

»Die Hotelkarriere? So, Sie beabsichtigen. Nämlich zu welchem Zeitpunkt?«

»Ich und die Meinen sind übereingekommen, daß ich diese Laufbahn antreten werde, nachdem ich meiner militärischen Dienstpflicht genügt habe.«

»Hm. Ich habe nicht nach den Ihren gefragt. Wer sind die Ihren?«

»Professor Schimmelpreester, mein Pate, und meine Mutter, Witwe eines Champagnerfabrikanten.«

»So, so, eines Champagnerfabrikanten. Und was treiben Sie denn zur Zeit? Sind Sie nervös? Warum rucken und zucken Sie so mit den Schultern?«

Wirklich hatte ich, seit ich hier stand, halb unbewußt und ganz aus dem Stegreif ein keineswegs aufdringliches, aber häufig wiederkehrendes und in der Ausführung eigentümliches Schulterzucken angenommen, das mir aus irgendeinem Grunde am Platze schien. Ich erwiderte nachdenklich:

»Ja, mir ist oft sonderbar; sonderbar war und ist mir leider zeitweilig im Sinn«, sprach ich endlich leise und grüblerisch. »Manches Mal kommt es mir vor, als ob ich plötzlich in die Nähe eines Ofens und Feuers gerückt wäre, ganz so warm berührt es alsdann meine Glieder, anfangs die Beine, hierauf die höheren Teile, und eine Art von Kribbeln und Prickeln ist darin, worüber ich mich wundern muß, und um so mehr, als ich gleichzeitig Farbenspiele vor Augen habe, die sogar hübsch sind, aber mich dennoch erschrecken; und wenn ich nochmals auf das Prickeln zurückkommen darf, so könnte man es auch als Ameisenlaufen bezeichnen.«

»Sagten Sie nicht«, fuhr er fort, »daß Ihr Vater Schnapsbrenner war?«

»Ja, das heißt, er besaß eine Schaumweinfabrik am Rheine«, sagte ich höflich, indem ich seine Worte zugleich bestätigte und verbesserte.

»Richtig, eine Schaumweinfabrik! Und da war er denn also wohl ein vorzüglicher Weinkenner, Ihr Vater?«

»Das will ich meinen, Herr Stabsphysikus!« sprach ich fröhlich, während am Kommissionstisch eine Bewegung der Heiterkeit sich bemerkbar machte. »Ja, das war er.«

»Und auch kein Duckmäuser für seine Person, sondern Liebhaber eines guten Tropfens, nicht wahr, und, wie man sagt, ein rechter Zecher vor dem Herrn?«

»Mein Vater«, versetzte ich ausweichend, indem ich meine Munterkeit gleichsam zurücknahm, »war die Lebenslust selbst. Soviel kann ich bejahen.«

»So, so, die Lebenslust. Und woran starb er?«

Ich verstummte. Ich blickte ihn an, ich schlug mein

Gesicht zu Boden. Und mit veränderter Stimme erwiderte ich:

»Wenn ich den Herrn Bataillonsmedikus höflichst bitten dürfte, auf dieser Frage gütigst nicht weiter bestehen zu wollen ...«

»Sie haben hier keinerlei Auskunft zu verweigern!« antwortete er mit strengem Meckern. »Was ich Sie frage, frage ich mit Bedacht, und Ihre Angaben sind von Wichtigkeit. In Ihrem eigenen Interesse ermahn ich Sie, uns die Todesursache Ihres Vaters wahrheitsgemäß zu nennen.«

»Er empfing ein kirchliches Begräbnis«, sagte ich mit ringender Brust, und meine Erregung war zu groß, als daß ich die Dinge der Ordnung nach hätte vortragen können. »Dafür kann ich Beweis und Papiere beibringen, daß er kirchlich bestattet wurde, und Erkundigungen werden ergeben, daß mehrere Offiziere und Professor Schimmelpreester hinter dem Sarg schritten. Geistlicher Rat Chateau erwähnte selbst in seiner Gedächtnisrede«, fuhr ich immer heftiger fort, »daß das Schießzeug unversehens losgegangen sei, als mein Vater prüfungsweise damit hantiert habe, und wenn seine Hand gezittert hat und er nicht völlig Herr seiner selbst war, weil groß Ungemach uns heimgesucht hatte ...« Ich sagte »groß Ungemach« und gebrauchte auch sonst einige ausschweifende und träumerische Ausdrücke. »Der Ruin hatte mit hartem Knöchel an unsere Tür geklopft«, sagte ich außer mir, indem ich sogar zur Erläuterung mit dem gekrümmten Zeigefinger in die Luft pochte, »denn mein Vater war in die Netze böser Menschen gefallen, Blutsauger, die ihm den Hals abschnitten, und es wurde alles verkauft und verschleudert... die Glas ... harfe«, stotterte ich unsinnig und verfärbte mich fühlbar, denn nun sollte das ganz und gar Abenteuerliche mit mir geschehen, »das Äols ... rad ...« Und in diesem Augenblick geschah folgendes mit mir.

Mein Gesicht verzerrte sich – aber damit ist wenig gesagt. Es verzerrte sich auf eine meiner Meinung nach völlig neue und schreckenerregende Art, so, wie keine menschliche Leidenschaft, sondern nur teuflischer Einfluß und Antrieb ein Menschenantlitz verzerren kann. Meine Züge wurden buchstäblich nach allen vier Seiten, nach oben und unten, rechts und links auseinandergesprengt, um gleich darauf wieder gegen die Mitte gewaltsam zusammenzuschrumpfen; ein abscheulich einseitiges Grinsen zerriß danach meine linke, dann meine rechte Wange, während es das zugehörige Auge mit furchtbarer Kraft verkniff, das entgegengesetzte aber so unmäßig erweiterte, daß mich das deutliche und fürchterliche Gefühl ankam, der Apfel müsse herausspringen, und das hätte er immerhin tun mögen – mochte er doch! Es kam nicht darauf an, ob er aussprang, und für zärtliche Sorge um ihn war dies jedenfalls nicht der Augenblick. Wenn aber ein so widernatürliches Mienenspiel nach außen hin wohl jenes äußerste Befremden erregen mochte, das als Entsetzen bezeichnet wird, so bildete es doch nur Einleitung und Anbeginn eines wahren Hexensabbats von Fratzenschneiderei, einer ganzen Grimassenschlacht, die sich während der nächsten Sekunden auf meinem jugendlichen Antlitz abspielte. Die Abenteuer meiner Züge im einzelnen durchzunehmen, die greulichen Stellungen eingehend abzuschildern, in welche mein Mund, meine Nase, meine Brauen und meine Wangen, kurz, alle meine Gesichtsmuskeln gerieten – und zwar unter steter Abwechslung und ohne daß eines der Mißgesichter sich wiederholt hätte –, eine solche Beschreibung wäre ein allzu weitläufiges Unternehmen. Nur soviel sei gesagt, daß gemütliche Vorgänge, die diesen physiognomischen Phänomenen etwa entsprochen hätten, daß Empfindungen so blödseliger Heiterkeit, krassen Erstaunens, irrer Wollust, entmenschter Qual und zähnefletschender Tollwut schlechterdings nicht von dieser Welt gewesen wären, sondern einem infernalischen Reich hätten angehören müssen, wo unsere irdischen Leidenschaften in ungeheuere Verhältnisse ausgeweitet sich schauderhaft wiederfinden. Ist es aber nicht so, daß Affekte, wovon wir die Miene annehmen, sich ahnungsweise und schattenhaft wahrhaftig in unserer Seele herstellen? Mein übriger Körper verhielt sich inzwischen nicht ruhend, obgleich ich aufrecht an meiner Stelle blieb. Mein Kopf rollte umher und drehte sich mehrmals fast ins Genick, nicht anders, als sei der Leibhaftige im Begriff, mir den Hals zu brechen; meine Schultern und Arme schienen aus den Gelenken gewunden zu werden, meine Hüften verbogen sich, meine Knie kehrten sich gegeneinander, mein Bauch höhlte sich aus, indes meine Rippen die Haut zersprengen zu wollen schienen; meine Zehen verkrampften sich, kein Fingerglied, das nicht phantastisch und klauenhaft verbogen gewesen wäre, und so, gleichsam auf eine höllische Folter gespannt, verharrte ich etwa zwei Dritteile einer Minute.

Ich war ohne Besinnung während dieses unter so harten Bedingungen überaus langwierigen Zeitraumes, zum wenigsten ohne Erinnerung an meine Umgebung und Zuschauerschaft, welche mir gegenwärtig zu halten die Strenge meines Zustandes mich völlig hinderte. Rauhe Zurufe drangen wie aus weiter Ferne an mein Ohr, ohne daß ich in der Lage gewesen wäre, ihnen Gehör zu schenken. Auf einem Stuhle mich wiederfindend, welchen der Oberstabsarzt unter mich zu schieben sich beeilt hatte, verschluckte ich mich heftig mit einigem wärmlich abgestandenen Leitungswasser, das dieser uniformierte Gelehrte mir einzuflößen bemüht war. Mehrere Kommissionsherren waren aufgesprungen und standen mit verstörten, empörten, auch angewiderten Gesichtern über den grünen Tisch gebeugt. Andere legten auf sanftere Art ihre Bestürzung über die gehabten Eindrücke an den Tag. Ich sah einen, der beide geschlossenen Hände an die Ohren gepreßt hielt und, wahrscheinlich vermöge einer Art von Ansteckung, sein eigenes Gesicht zur Grimasse verzogen hatte; einen anderen, der zwei Finger seiner

Rechten gegen die Lippen drückte und außerordentlich geschwind mit den Lidern blinzelte.

Was aber mich selbst betrifft, so hatte ich nicht so bald mit wiederhergestellter, wenn auch in natürlichem Grade erschrockener Miene um mich geblickt, als ich mich beeilte, eine Szene zu beendigen, die mir nicht ziemlich scheinen konnte, mich rasch und verwirrt vom Stuhle erhob und neben ihm militärische Haltung annahm, die freilich mit meiner rein menschlichen Verfassung wenig übereinstimmen wollte.

Der Oberstabsarzt war zurückgetreten, noch immer das Wasserglas in der Hand.

»Sind Sie bei Sinnen?« fragte er mit einer Mischung von Ärgerlichkeit und Teilnahme in der Stimme...

»Zu Befehl, Herr Kriegsarzt«, erwiderte ich in dienstfertigem Tone.

»Und bewahren Sie eine Erinnerung an das eben Durchlebte?«

»Ich bitte«, war meine Erwiderung, »gehorsamst um Vergebung. Ich war einen Augenblick etwas zerstreut.«

Kurzes, gewissermaßen bitteres Lachen antwortete mir vom Sitzungstische her...

»Sie schienen allerdings nicht ganz bei der Sache zu sein«, sagte der Oberstabsarzt trocken. »Hatten Sie sich in erregtem Zustande hier eingefunden? Erwarteten Sie die Entscheidung über Ihre Dienstfähigkeit mit besonderer Spannung?«

»Ich gebe zu«, antwortete ich hierauf, »daß es mir eine große Enttäuschung gewesen wäre, abgewiesen zu werden, und ich wüßte nicht, wie ich meiner Mutter mit einem solchen Bescheid unter die Augen treten sollte. Sie sah früher zahlreiche Angehörige des Offizierskorps in ihrem Hause und bringt der Heeresorganisation die wärmste Bewunderung entgegen. Deswegen liegt es ihr besonders am Herzen, daß ich zum Dienst herangezogen werde, und sie verspricht sich davon nicht nur bedeutende Vorteile für meine Bildung, sondern namentlich auch eine wünschenswerte Kräftigung meiner zuweilen schwankenden Gesundheit.«

Er schien meine Worte zu verachten und keines Eingehens für würdig zu halten.

»Ausgemustert«, sagte er, indem er das Wasserglas auf das Tischchen stellte, dorthin, wo auch sein Handwerkszeug, Meterband, Hörrohr und Hämmerchen lagen. »Die Kaserne ist keine Heilanstalt«, warf er noch über die Schulter gegen mich hin und wandte sich dann zu den Herren am Kommissionstisch.

»Der Gestellungspflichtige«, erklärte er mit dünnem Meckern, »leidet an epileptoiden Zufällen, sogenannten Äquivalenten, die hinreichen, seine Diensttauglichkeit unbedingt auszuschließen ...«

Menschenskinder
Wilhelm Busch

Man ist ja von Natur kein Engel,
Vielmehr ein Welt- und Menschenkind,
Und rings umher ist ein Gedrängel
Von solchen, die daselbe sind...

Wie dunkel ist der Lebenspfad,
Den wir zu wandeln pflegen.
Wie gut ist da ein Apparat
Zum Denken und Erwägen.

Der Menschenkopf ist voller List
Und voll der schönsten Kniffe;
Er weiß, wo was zu kriegen ist
Und lehrt die rechten Griffe.

Till Eulenspiegel als Kunstmaler

Joseph von Görres

Abenteuerliche Dinge trieb Eulenspiegel in Hessen an des Landgrafen Hof. Als er dort eintraf, fragte ihn der Landgraf, wer er sei, und Eulenspiegel antwortete: »Ich bin ein berühmter Maler, meine Arbeit übertrifft alle anderen Arbeiten.«

Sogleich bat ihn der Landgraf, einen Saal des Schlosses mit Bildern aus der Geschichte der Landgrafen von Hessen auszumalen. Eulenspiegel versprach, diese Arbeit bestens auszuführen und forderte dafür vierhundert Gulden, von denen er die Hälfte sogleich erhielt, damit er Farben kaufen und Gesellen einstellen konnte. Ehe aber Eulenspiegel mit der Arbeit begann, bat er sich bei dem Landgrafen aus, daß niemand in den Saal kommen und ihn stören solle. Damit erklärte sich der Landgraf einverstanden, und so ließ es sich Eulenspiegel mit den Gesellen bei gutem Essen und Trinken und lustigen Brettspielen wohlergehen. Nach einiger Zeit wünschte der Landgraf zu sehen, was Eulenspiegel mit seinen Gesellen inzwischen gemalt hatte. Eulenspiegel war damit einverstanden, meinte aber: »Gnädiger Herr, mit meiner Kunst hat es eine ganz besondere Bewandtnis. Wer nicht ehelich geboren ist, der vermag meine Bilder nicht zu sehen.«

Darauf gingen sie gemeinsam in den Saal, und Eulenspiegel zeigte mit einem Stab auf die weiße Wand, deutete hierhin und dorthin und erklärte dem Landgrafen die herrlichen Bilder, die gar nicht vorhanden waren. Der Landgraf war sprachlos vor Verwunderung, denn er sah nur die weiße Wand. Heimlich überlegte er, ob er vielleicht unehelich geboren sei. Verlegen erklärte er sich mit den Bildern einverstanden, lobte die leuchtenden Farben und machte Eulenspiegel ein Geschenk von hundert Gulden. Darauf ging er zu seiner Gemahlin und berichtete soviel Gutes über die Bilder, daß die Landgräfin neugierig wurde und ebenfalls das Werk des Künstlers sehen wollte. Wie zuvor dem Landgrafen, so erklärte Eulenspiegel nun auch der Landgräfin, daß seine Bilder von besonderer Art seien und jedem unsichtbar blieben, der nicht in Ehren geboren wurde. Dann ging die Landgräfin mit acht Edeldamen und einer Närrin in den Saal. Verblüfft schwieg sie still und ließ sich nicht anmerken, daß sie die Bilder nicht sah. Auch die Edeldamen starrten auf die weiße Wand, als bewunderten sie die Arbeit des berühmten Malers. Nur die Närrin sprach: »Ich sehe keine Bilder! Ich sehe nur die weiße Wand!«

Eulenspiegel lachte und meinte: »Das ist bei einer Närrin nicht verwunderlich, denn sie ist gewiß unehelich geboren.« Die Landgräfin und die Edeldamen nickten zustimmend und verließen den Saal. Eulenspiegel, der befürchten mußte, daß seine Büberei bald an den Tag kommen würde, verließ mit seinen Gesellen das Land.

Aus »Till Eulenspiegel«

4. Überlebenskunst

Mit dem Leben davonkommen ist beizeiten auch eine Kunst.

Heinrich Heine

Reineke Fuchs

Johann Wolfgang von Goethe

Reineke Fuchs, der Held des gleichnamigen Epos von Goethe, lügt und betrügt, raubt und mordet, schindet und schändet, vergeht sich gegen alle Gesetze des Tierreiches, kann aber seinen Kopf mit Hinterlist immer wieder aus der Schlinge ziehen. Am Ende wird er sogar von Seiner Majestät, dem Löwen, zum Kanzler ernannt. Wenn das keine Lebenskunst ist! Reinekes Meisterstück: vor den königlichen Richterstuhl zitiert, um sich für all seine Verbrechen zu verantworten, sieht er dem Tode am Strang in die Augen. Sein rettender Einfall: er fabelt von einem Schatz daher, dessen Aufenthaltsort allein ihm bekannt ist, und siehe, der goldgierige Löwe drückt beide Augen zu und spricht den Fuchs vom Galgen los . . .

Und er wandte darauf sich von der Leiter zum Volke,
Rief: Ich sehe den Tod vor meinen Augen und werd ihm
Nicht entgehen. Nur bitt ich euch alle, so viele mich hören,
Um ein Weniges nur, bevor ich die Erde verlasse.
Gerne möcht ich vor euch in aller Wahrheit die Beichte
Noch zum letztenmal öffentlich sprechen und redlich bekennen
Alles Übel, das ich getan, damit nicht ein andrer
Etwa dieses und jenes von mir im stillen begangene,
Unbekannten Verbrechens dereinst bezichtiget werde;
So verhüt ich zuletzt noch manches Übel, und hoffen
Kann ich, es werde mirs Gott in allen Gnaden gedenken.

Ludwig Richter: Reineke auf der Galgenleiter.

Viele jammerte das. Sie sprachen untereinander:
Klein ist die Bitte, gering nur die Frist! Sie baten den König,
Und der König vergönnt' es. Da wurd es Reineken wieder
Etwas leichter ums Herz, er hoffte glücklichen Ausgang;
Gleich benutzt' er den Raum, der ihm gegönnt war, und sagte:
Spiritus Domini helfe mir nun! Ich sehe nicht Einen
Unter der großen Versammlung, den ich nicht irgend beschädigt.
Erst, ich war noch ein kleiner Kompan und hatte die Brüste
Kaum zu saugen verlernt, da folgt ich meinen Begierden
Unter die jungen Lämmer und Ziegen, die neben der Herde
Sich im Freien zerstreuten; ich hörte die blökenden Stimmen
Gar zu gerne, da lüstete mich nach leckerer Speise,
Lernte hurtig sie kennen. Ein Lämmchen biß ich zu Tode,
Leckte das Blut, es schmeckte mir köstlich! und tötete weiter
Vier der jüngsten Ziegen und aß sie und übte mich ferner;
Sparte keine Vögel noch Hühner, noch Enten, noch Gänse,
Wo ich sie fand, und habe gar manches im Sande vergraben,
Was ich geschlachtet und was mir nicht alles zu essen beliebte.
Dann begegnet' es mir, in einem Winter am Rheine
Lernt ich Isegrim kennen, er lauerte hinter den Bäumen.
Gleich versichert' er mir, ich sei aus seinem Geschlechte,
Ja, er wußte mir gar die Grade der Sippschaft am Finger
Vorzurechnen. Ich ließ mirs gefallen; wir schlossen ein Bündnis
Und gelobten einander, als treue Gesellen zu wandern;
Leider sollt ich dadurch mir manches Übel bereiten.
Wir durchstrichen zusammen das Land. Da stahl er das Große,
Stahl ich das Kleine. Was wir gewonnen, das sollte gemein sein;
Aber es war nicht gemein, wie billig: er teilte nach Willkür;
Niemals empfing ich die Hälfte. Ja, Schlimmeres hab ich erfahren.

Wenn er ein Kalb sich geraubt, sich einen Widder erbeutet,
Wenn ich im Überfluß sitzen ihn fand, er eben die Ziege,
Frisch geschlachtet, verzehrte, ein Bock ihm unter den Klauen
Lag und zappelte, grinst' er mich an und stellte sich grämlich,
Trieb mich knurrend hinweg: so war mein Teil ihm geblieben.
Immer ging es mir so, es mochte der Braten so groß sein,
Als er wollte. Ja, wenn es geschah, daß wir in Gesellschaft
Einen Ochsen gefangen, wir eine Kuh uns gewonnen,
Gleich erschienen sein Weib und sieben Kinder und warfen
Über die Beute sich her und drängten mich hinter die Mahlzeit.
Keine Rippe konnt ich erlangen, sie wäre denn gänzlich
Glatt und trocken genagt; das sollte mir alles gefallen!
Aber, Gott sei gedankt, ich litt deswegen nicht Hunger;
Heimlich nährt ich mich wohl von meinem herrlichen Schatze,
Von dem Silber und Golde, das ich an sicherer Stätte
Heimlich verwahre; des hab ich genug. Es schafft mir wahrhaftig
Ihn kein Wagen hinweg, und wenn er siebenmal führe.

Und es horchte der König, da von dem Schatze gesagt ward,
Neigte sich vor und sprach: Von wannen ist er Euch kommen?
Saget an! ich meine den Schatz. Und Reineke sagte:
Dieses Geheimnis verhehl ich Euch nicht, was könnt es mir helfen?
Denn ich nehme nichts mit von diesen köstlichen Dingen.
Aber wie Ihr befehlt, will ich Euch alles erzählen,
Denn es muß nun einmal heraus; um Liebes und Leides
Möcht ich wahrhaftig das große Geheimnis nicht länger verhehlen:
Denn der Schatz war gestohlen. Es hatten sich viele verschworen,
Euch, Herr König, zu morden, und wurde zur selbigen Stunde

Ludwig Richter: Der begnadigte Reineke vor König Nobel.

Nicht der Schatz mit Klugheit entwendet, so war es geschehen.
Merket es, gnädiger Herr! denn Euer Leben und Wohlfahrt
Hing an dem Schatz. Und daß man ihn stahl, das brachte denn leider
Meinen eigenen Vater in große Nöten, es bracht ihn
Frühe zur traurigen Fahrt, vielleicht zu ewigem Schaden;
Aber, gnädiger Herr, zu Eurem Nutzen geschah es!

Und die Königin hörte bestürzt die gräßliche Rede,
Das verworrne Geheimnis von ihres Gemahles Ermordung,
Von dem Verrat, vom Schatz, und was er alles gesprochen.
Ich vermahn Euch, Reineke, rief sie, bedenket! Die lange
Heimfahrt steht Euch bevor, entladet reuig die Seele;
Saget die lautere Wahrheit und redet mir deutlich vom Morde.
Und der König setzte hinzu: Ein jeglicher schweige!
Reineke komme nun wieder herab und trete mir näher;
Denn es betrifft die Sache mich selbst, damit ich sie höre.

Reineke, der es vernahm, stand wieder getröstet, die Leiter
Stieg er zum großen Verdruß der Feindlichgesinnten herunter;
Und er nahte sich gleich dem König und seiner Gemahlin,
Die ihn eifrig befragten, wie diese Geschichte begegnete.

»Helden« der beiden Weltkriege

Zu den größten »Überlebenskünstlern« in der Literatur zählen ohne Zweifel Hašeks »braver Soldat Schwejk«, der mit heiler Haut aus dem Ersten Weltkrieg kommt, und Simmels Romanheld aus »Es muß nicht immer Kaviar sein«, Thomas Lieven, der den Zweiten Weltkrieg unbeschadet übersteht. Dem Leser der Schwejkschen Abenteuer wird bis zur letzten Seite nicht klar, ob er es mit einem ausgemachten Blödian oder einem ausgekochten Schlitzohr zu tun hat. Josef Schwejk ist die Schraube, die in der österreichischen Militärmaschinerie locker sitzt, ein Stück Menschlichkeit in einem gnadenlosen Apparat. Weil der kleine dicke Tscheche allzu eifrig alle Befehle befolgt und den greisen Kaiser allzu überschwenglich feiert, halten ihn die Militärbürokraten des besonders geschickten Majestätsbeleidigung und des verdeckten Hochverrats für schuldig. Die Gerichtsärzte kommen zu einem anderen Ergebnis, wie in der folgenden Episode deutlich wird.

Im Anschluß daran ein Auszug aus dem Simmel-Roman, in dem das kultivierte Schlitzohr Thomas Lieven seinen Kopf aus einer lebensbedrohlichen Schlinge zieht. Der kriegsunlustige Feinschmecker, der sich um des bloßen Überlebens willen in die Rolle eines Doppel- und Dreifach-Agenten geflüchtet hat, ist im besetzten Frankreich nun auch noch in die Machenschaften einer Verbrecherbande verstrickt. Als Verräter verdächtigt und zum Tode verurteilt, reizt er seinen größten Trumpf aus – seine Kochkunst.

Josef Schwejk vor den Gerichtsärzten
Jaroslav Hašek

Die Kommission der Gerichtsärzte, die darüber entscheiden sollte, ob der geistige Horizont Schwejks all den Verbrechen, deren er angeklagt war, entspreche oder nicht, bestand aus drei ungewöhnlich ernsten Herren, deren Ansichten bedeutend auseinandergingen.

Sie vertraten drei verschiedene wissenschaftliche Schulen und psychiatrische Anschauungen.

Wenn es im Falle Schwejk zwischen diesen entgegengesetzten wissenschaftlichen Lagern zu einer völligen Übereinstimmung kam, läßt sich dies nur durch den niederschmetternden Eindruck erklären, den Schwejk auf die ganze Kommission machte. Beim Betreten des Zimmers, in dem sein Geisteszustand geprüft werden sollte, rief er nämlich aus, als er auf der Wand das dort hängende Bild des österreichischen Monarchen bemerkte: »Meine Herren, es lebe Kaiser Franz Joseph I.«

Die Sache war vollkommen klar. Durch die spontane Kundgebung Schwejks entfiel eine ganze Reihe von Fragen, und es bedurfte nur noch einiger der wichtigsten, um aus den Antworten auf Grund des Systems des Psychiaters Kallerson, des Doktors Heveroch und des Engländers

Weikin die wahre Geistesverfassung Schwejks festzustellen.

»Ist Radium schwerer als Blei?«

»Ich habs, bitte, nicht gewogen«, antwortete Schwejk mit seinem freundlichen Lächeln.

»Glauben Sie an das Ende der Welt?«

»Zuerst müßt ich das Ende der Welt sehn«, warf Schwejk gleichmütig hin, »ganz bestimmt wern wirs aber morgen noch nicht erleben.« – »Könnten Sie den Durchmesser der Erdkugel ausmessen?«

»Das möcht ich, bitte, nicht treffen«, antwortete Schwejk, »aber ich selbst möcht Ihnen, meine Herren, auch ein Rätsel aufgeben: Es is ein dreistöckiges Haus, in diesem Haus sind in jedem Stock acht Fenster. Auf dem Dach sind zwei Giebel und zwei Kamine. In jedem Stock sind zwei Mieter. Und jetzt sagen Sie mir, meine Herren, in welchem Jahr is dem Hausmeister seine Großmutter gestorben?«

Die Gerichtsärzte blickten einander bedeutungsvoll an, nichtsdestoweniger stellte einer von ihnen noch die Frage:

»Kennen Sie nicht die größte Tiefe im Stillen Ozean?«

»Bitte nein«, lautete die Antwort, »aber ich denk, daß sie entschieden größer sein wird als die von der Moldau unterm Wyschehrader Felsen.«

Der Vorsitzende der Kommission fragte kurz: »Genügt?«, aber eines der Mitglieder erbat sich doch noch folgende Frage:

»Wieviel ist 12 897 mal 13 863?«

»729«, antwortete Schwejk, ohne mit der Wimper zu zucken.

»Ich glaube, das genügt vollkommen«, sagte der Vorsitzende der Kommission. »Sie können den Angeklagten wieder abführen.«

»Ich danke Ihnen, meine Herren«, sagte Schwejk ehrerbietig, »mir genügts auch vollkommen.«

Nachdem er gegangen war, kam das Kollegium der drei überein, daß Schwejk ein notorischer Blödian und Idiot

Josef Schwejk vor den Gerichtsärzten
Zeichnung von Josef Lada

nach allen von den psychiatrischen Wissenschaften erfundenen Naturgesetzen sei.

In dem an den Untersuchungsrichter abgesandten Bericht stand unter anderem: »Die endesgefertigten Gerichtsärzte stützen sich in ihrem Urteil bezüglich völliger geistiger Stumpfheit und angeborenem Kretinismus des der oben angeführten Kommission zugewiesenen Josef Schwejk auf den Ausspruch: Es lebe Kaiser Franz Joseph I., der vollkommen genügt, um den Geisteszustand Josef Schwejks als den eines notorischen Idioten erkennen zu lassen. Die endesgefertigte Kommission beantragt daher: 1. Einstellung der Untersuchung gegen Josef Schwejk; 2. Überführung Josef Schwejks zur Beobachtung in die psychiatrische Klinik zwecks Feststellung, wie weit sein Geisteszustand für seine Umgebung gefährlich ist.«

Die »Überraschungspastete«

Johannes Mario Simmel

Chanteal Tessier hielt in Marseille im Hinterzimmer des Cafés *Brûleur de Loup* eine Betriebsversammlung ihrer Bande ab, bei der es, gelinde gesagt, stürmisch zuging.

Die französischen Schleichhändler und spanischen Paßfälscher, die leichten Mädchen aus Korsika und die Verschwörer und Totschläger aus Marokko, die alle in den vorderen Lokalitäten ihren Geschäften nachgingen, blickten immer wieder mißbilligend zu der Tür im Hintergrund, an welcher eine Tafel mit der Aufschrift baumelte: *Geschlossene Gesellschaft*

Eine laute geschlossene Gesellschaft war das! Endlich öffnete sich die Tür, und die Kaffeehausgäste (per Saldo 500 Jahre Zuchthaus, kulant berechnet) sahen den ihnen allen wohlbekannten Bastian Fabre in eine Telefonzelle neben der Theke treten. Er machte einen verstörten Eindruck ...

Bastian wählte die Nummer des Restaurants *Chez Papa*. Olive, der Wirt, meldete sich. Bastian wischte sich den Schweiß von der Stirn, sog nervös ans einer schwarzen Zigarre und sagte hastig: »Hier Bastian. Ist der Mann bei dir, der mich gestern nachmittag besucht hat?« Er hatte Thomas aufgefordert, den Ausgang der Sitzung *Chez Papa* abzuwarten.

Olives Stimme klang überschattet: »Der ist da, ja. Spielt Poker mit meinen Gästen am Stammtisch. Gewinnt dauernd.«

»Ruf mir den Mann mal an den Apparat.«

Bastian nahm einen tiefen Zug aus der Zigarre und öffnete die Zellentür, um den Rauch hinauszulassen. Dieser verdammte Pierre – er verdiente es einfach nicht, daß man sich um ihn Sorgen machte.

Vor vierundzwanzig Stunden erst hatte der Kerl diese Brüder vom Geheimdienst herbeigerufen, und die ganze schöne Sore war abgeholt worden. Gott sei Dank, nicht die *ganze* schöne Sore, dachte Bastian. Während Thomas ans Telefon gegangen war, hatte er mit Chantal schnell noch ein paar Pretiosen und eine erkleckliche Menge Goldmünzen beiseite geräumt... Aber was war das schon, verglichen mit dem millionenschweren Rest? Man durfte gar nicht daran denken...

«Hallo, Bastian! Na, mein Alter, wie steht's?«

Bastian hörte voller Grimm, wie gleichmütig die Stimme dieses vertrottelten Kerls klang. Er sagte: »Pierre, ich bin dein Freund – trotz allem. Darum einen Rat: Verschwinde. Aber augenblicklich. Es ist keine Minute zu verlieren.«

»Nanu, warum denn?«

»Hier auf der Betriebsversammlung geht alles hinten hinaus. Chantal hat ihren Rücktritt angeboten.«

»Um Gottes willen!«

»Sie hat geweint...«

»Ach, Bastian, wenn du wüßtest, wie peinlich mir das alles ist...«

»Unterbrich mich nicht, Trottel. Sie hat gesagt, daß sie dich liebt – daß sie dich versteht... Darauf ist ein großer Teil der Bande weich geworden...«

»Ah, l'amour! Vive la France!«

»... aber nicht alle. Da ist eine Gruppe um den hinkenden François. Du kennst ihn doch, Pferdefuß nennen wir ihn...«

Thomas kannte ihn nicht, er hatte aber von ihm gehört. »Pferdefuß« war das älteste Mitglied der Bande, er verdankte den Namen zu gleichen Teilen seinem Hinken, seiner Gewalttätigkeit und seinen Methoden bei der Eroberung eines weiblichen Wesens.

»... Pferdefuß ist dafür, dich umzulegen ...«

»Charmant.«

»... er hat nichts gegen dich, sagt er, aber dein Einfluß auf Chantal ist verheerend. Du weichst sie auf ...«

»Na na!«

»... du bist der Untergang unserer Bande. Um Chantal zu schützen, sagt er, muß man dich umlegen ... Pierre, hau ab! Mach, daß du wegkommst.«

»Im Gegenteil.«

»Was?«

»Hör mal genau zu, Bastian«, sagte Thomas Lieven. Das tat sein Freund, kopfschüttelnd zuerst, zweifelnd sodann, einverstanden zuletzt. Er knurrte: »Na schön, wenn du dir das zutraust. Also dann in einer Stunde. Aber alles auf deine Verantwortung!«

Er hängte auf und ging zurück in das verqualmte Hinterzimmer, in welchem der hinkende François, genannt Pferdefuß, gerade leidenschaftlich dafür plädierte, diesen Jean Leblanc oder Pierre Hunebelle, oder wie er auch immer heiße, in ein besseres Jenseits zu befördern.

»... im Interesse von uns allen«, sagte er eben und stieß dabei die Spitze eines ungemein dünnen, ungemein scharfen Klappmessers in die Tischplatte. Dann fuhr er Bastian an: »Wo warst du?«

»Ich habe mit Pierre telefoniert«, antwortete dieser ungerührt. »Er lädt uns alle zum Essen ein. In zwei Stunden. In meiner Wohnung. Er meint, wir könnten dann alles in Ruhe besprechen.«

Chantal schrie auf. Plötzlich redeten alle durcheinander. »Ruhe!« brüllte der hinkende François. Es wurde still.

»Mut hat der Kerl«, sagte François beeindruckt. Dann lächelte er böse. »Na schön, Kollegen, laßt uns hingehen ...«

»Meine Herren, ich begrüße Sie«, sagte Thomas Lieven. Er küßte der bleichen Bandenchefin, die am Ende ihrer Nervenkraft angelangt war, die Hand.

Die fünfzehn Ganoven drängten in Bastians Wohnung, grinsend zum einen Teil, verbissen und drohend zum anderen. Sie erblickten eine festlich gedeckte Tafel. Mit Hilfe von Olive hatte Thomas sie errichtet – auf Bastians großem Eisenbahntisch. Die Berge, Täler, Brücken, Flüsse und Bahnhöfe hatte er entfernt, aber *ein* Schienenstrang lief auch noch auf dem weißen Tischtuch von einem Ende der Tafel zum andern, vorbei an Gläsern, Tellern und Bestecken.

»Wohlan«, sprach Thomas händereibend. »Wenn ich die Herrschaften bitten dürfte, Platz zu nehmen. Chantal an der Tête, ich muß aus bestimmten Gründen am anderen Ende der Tafel sitzen. Bitte, meine Herren, machen Sie es sich gemütlich. Verschieben Sie Ihre Mordabsichten noch ein Weilchen.«

Miteinander flüsternd, murmelnd und noch sehr argwöhnisch setzten sich die Männer. Vor Chantals Platz stand eine Vase mit roten Treibhausrosen. Thomas hatte an alles gedacht... Olive und zwei Kellner servierten den ersten Gang, Käsesuppe. Thomas hatte sie in der Küche von *Chez Papa* zubereitet. Auch das Geschirr und das Besteck stammten aus der Kneipe.

»Gesegnete Mahlzeit«, wünschte Thomas. Er saß am Ende des Tisches. An seinem Platz standen geheimnisvolle Gegenstände. Niemand konnte sie erkennen, da Servietten darübergedeckt waren. Unter diesen Tuchhügeln endete der Schienenstrang.

Schweigsam verzehrten die Herren die Suppe. Immerhin: sie waren Franzosen, und sie wußten gutes Essen zu würdigen.

Chantal ließ Thomas nicht eine Sekunde aus den Augen. Eine ganze Gefühlsskala spiegelte sich in ihren Augen. Pferdefuß aß mit gesenktem Kopf, böse und stumm.

Dann gab es Kaninchenragout. Und dann schleppten Olive und seine Kellner mühsam eine Speise herein, die aussah wie eine überdimensionale Riesentorte. Diese wurde neben Thomas Lieven auf einen Extratisch gestellt.

Nun ergriff Thomas ein gewaltiges Messer. Während er es schärfte, sprach er: »Meine Herren! Ich erlaube mir,

Ihnen jetzt eine Novität vorzusetzen, eine eigene Erfindung sozusagen. Es ist mir klar, daß Sie die verschiedensten Temperamente besitzen. Manche unter Ihnen sind sanftmütig und wollen mir vergeben, andere sind Choleriker und wollen mich killen.« Er hob eine Hand. »Bitte, bitte. Über den Geschmack kann man nicht streiten. Aber eben weil man das nicht kann, habe ich mir erlaubt, ein Gericht herzustellen, das *jedem* Geschmack gerecht wird.« Er wies auf die Torte. »Voilà, die Überraschungspastete!«

Er wandte sich an Chantal: »Liebling, möchtest du Rinds-, Schweine- oder Kalbsfilet?«

»Ka... Ka... Kalbsfilet«, krächzte Chantal. Sie räusperte sich energisch und sagte nun überlaut: »Kalbsfilet!«

»Bitte sehr, bitte gleich.« Thomas betrachtete die Torte scharf, drehte sie ein wenig, schnitt aus einem bestimmten Drittel eine schöne Scheibe Kalbsfilet in Pastetenteig heraus und legte sie auf einen Teller.

Nun entfernte er die Servietten und enthüllte die Gegenstände neben sich: Bastians elektrische Spielzeuglokomotive mit Kohlentender, angehängt ein großer Güterwagen, des weiteren ein Schaltpult zur Bedienung der elektrischen Bahn.

Thomas setzte den Teller mit dem Kalbsfilet auf den Güterwagen und schaltete den Strom ein. Summend fuhr die Lok los und zog Tender, Wagen und Teller über die Tafel, vorbei an fünfzehn staunenden Ganoven. Vor

Chantal hielt der Transport. Sie hob den Teller vom Wagen. Ein paar Männer lachten verblüfft, einer klatschte.

Thomas ließ die Lok mit dem leeren Wagen zurückrollen, indessen er gleichmütig fragte: »Der Herr zur Linken von Chantal wünscht?« Ein wüster Geselle mit Augenklappe verzog den Mund zu einem mächtigen Grinsen und schrie: »Schwein!«

»Schwein, bitte sehr«, sagte Thomas. Wieder fixierte er die Riesenpastete, drehte sie, schnitt aus einem anderen Drittel ein Stück Schweinefilet und beförderte es in der gleichen Weise.

Jetzt wurden die Männer munter. Der Einfall amüsierte sie. Einer schrie: »Mir Rind!«

»Aber gern«, sagte Thomas und bediente ihn. Nun klatschten schon ein paar Männer.

Thomas sah Chantal an. Er kniff ein Auge zu. Da mußte sie wider Willen lächeln. Die Tafelrunde wurde immer lauter, immer ausgelassener, Durcheinander bestellten die Männer. Und immer wieder rollte die kleine Lokomotive über den Tisch.

Zuletzt saß nur noch François, der Pferdefuß, vor einem leeren Teller. Thomas wandte sich an ihn: »Und Sie, Monsieur?« fragte er, während er sein Tranchiermesser neuerlich schärfte.

François sah ihn lange brütend an. Dann erhob er sich langsam und griff in die Tasche. Chantal schrie auf, Bastian zog heimlich seine Pistole, als er sah, daß Pferdefuß plötzlich sein gefürchtetes Messer in der Hand hielt. Blitzend sprang die Klinge heraus. Lautlos machte Pferdefuß einen hinkenden Schritt auf Thomas zu. Noch einen. Und noch einen. Nun stand er vor ihm. Nun war es totenstill. So lange, wie man braucht, um bis zehn zu zählen, sah Francois dem ruhig stehenden Thomas Lieven in die Augen. Dann grinste er plötzlich und sagte: »Nehmen Sie mein Messer, das ist schärfer. Und geben Sie mir Schwein. Sie elender Hund!«

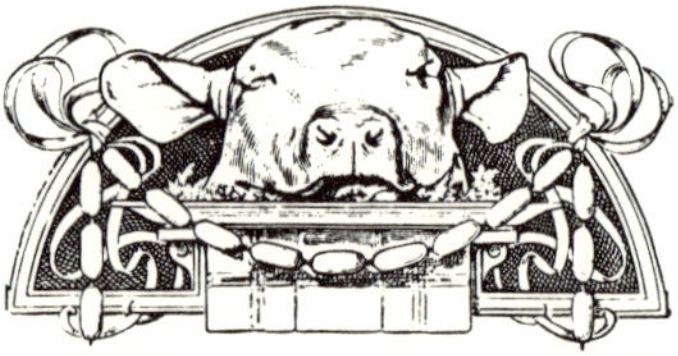

Thomas Lievens »Überlebens-Rezept«:
Überraschungs-Pastete

Man nehme je ein entsprechend der Personenzahl großes Stück Kalbs-, Schweine- und Rinderfilet, die in ihrer Länge dem halben Durchmesser einer großen Tortenform entsprechen. Man häute das Fleisch gut ab und brate es dann in Butter auf allen Seiten leicht an, salze und pfeffere es. – Man lege Boden und Rand der Tortenform mit Blätterteig aus und ordne die abgekühlten Fleischstücke so an, daß ihre schmalen Enden in die Mitte kommen. – Man nehme die Verteilung des Fleisches so vor, daß möglichst je ein Drittel des Bodens mit einer Fleischsorte belegt ist. – Man markiere oben am Teigrand die Stelle, an der eine Fleischsorte aufhört und die andere anfängt, und übertrage diese Markierung gleich auf den daraufgelegten Blätterteigdeckel. Von diesen Stellen aus führe man eine Teigblättchen-Verzierung zur Mitte hin, so daß eine äußerliche Dreiteilung der Pastete entsteht. – Man schneide zudem aus dem Teig ein Schwein, ein Kalb und ein Rind aus und verziere damit die entsprechenden Drittel, so daß man weiß, welches Fleisch darunterliegt. – Man bestreiche die Pastete mit Eigelb und backe sie bei mittlerer Hitze, bis sie eine schöne goldgelbe Farbe hat.

Man reiche dazu eine Champignon-Sauce, die folgendermaßen zubereitet wird:

Man nehme einige feingehackte Schalotten, dünste sie in Butter leicht an, lasse dann reichlich blätterig geschnittene Champignons mitschmoren. Man streue etwas Mehl darüber, verrühre es gut und fülle dann mit Fleischbrühe auf. Man lasse auf kleiner Flamme dünsten, bis die Pilze weich sind, gebe dann Sahne an die Sauce, die hell geblieben sein muß, würze mit Salz, Pfeffer und etwas Zitronensaft und ziehe mit Eigelb ab. – Man kann nach Belieben noch einen Schuß Weißwein dazugeben.

Beherzigung
Johann Wolfgang von Goethe

Ach, was soll der Mensch verlangen?
Ist es besser, ruhig bleiben?
Klammernd fest sich anzuhangen?
Ist es besser, sich zu treiben?
Soll er sich ein Häuschen bauen?
Soll er unter Zelten leben?
Soll er auf die Felsen trauen?
Selbst die festen Felsen beben.

Eines schickt sich nicht für alle!
Sehe jeder, wie er's treibe,
Sehe jeder, wo er bleibe,
Und wer steht, daß er nicht falle!

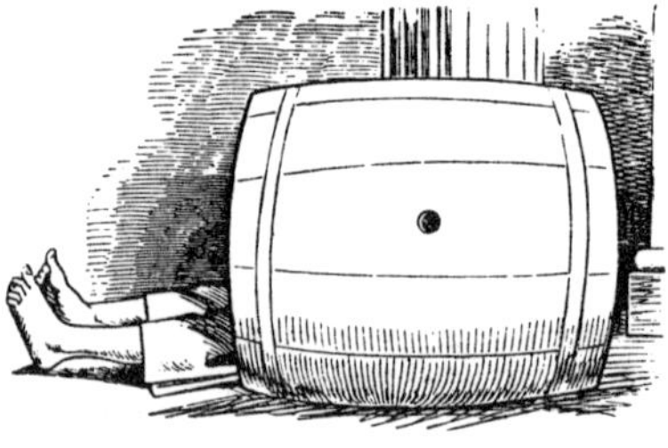

Die Autoren

Busch, Wilhelm, * 1832 in Wiedensahl, † 1908 in Mechtshausen, deutscher Dichter, Zeichner und Maler, der unerreichte Meister der kleinen literarischen Form und dank seiner Doppelbegabung einer der Urväter des »Comic« *(Max und Moritz, Die fromme Helene, Maler Klecksel).*

Casanova, Giacomo, * 1725 in Venedig, † 1798 auf Schloß Dux in Böhmen, italienischer Abenteurer und Schriftsteller; 1785 wurde er Bibliothekar des Grafen Waldstein in Dux, wo er seine berühmten *Lebenserinnerungen (Histoire de ma vie)* verfaßte.

Eichendorff, Joseph Freiherr von, * 1788 in Schloß Lubowitz bei Ratibor, † 1857 in Neisse, deutscher Lyriker und Erzähler, dessen von Sehnsucht, Schlichtheit, Naturnähe und weltoffener Lebensfreude bestimmtes Werk als Vollendung der deutschen romantischen Literatur gelten darf; Meisterwerke: *Das Marmorbild, Schloß Dürande, Aus dem Leben eines Taugenichts.*

Fontane, Theodor, * 1819 in Neuruppin, † 1889 in Berlin, deutscher Dichter hugenottischer Abkunft, dessen realisitsche Gesellschaftsromane das Bild einer im innern brüchigen Epoche entwarfen *(Irrungen, Wirrungen, Effi Briest, Der Stechlin)* und als Vorläufer der Moderne gelten.

Gauguin, Paul, * 1848 in Paris, † 1903 auf Hiva Oa (Franz.-Polynesien), französischer Maler an der Wende zwischen Impressionismus und Expressionismus; zog sich in den 1890er Jahren in die Südsee zurück, wo er auch seine autobiograph. Erzählung *Noa Noa* schrieb.

Gleim, Johann Wilhelm Ludwig, * 1719 in Ermsleben, † 1803 in Halberstadt, deutscher Dichter, galt als führender Vertreter der erotisch angehauchten Rokoko-Lyrik (»Anakreontik«).

Goethe, Johann Wolfgang von, * 1749 in Frankfurt, † 1832 in Weimar, universaler deutscher Dichter und Denker, dessen Lebenswerk den Bogen vom Sturm und Drang über die Hochklassik bis zur Romantik spannt und von kosmopolitischer Welt- und Menschenliebe erfüllt ist

(Die Leiden des jungen Werthers, Wilhelm Meisters Lehrjahre, Torquato Tasso, Faust I., Faust II., West-östlicher Divan etc.).

Görres, Joseph von, * 1776 in Koblenz, † 1848 in München, deutscher Publizist und Gelehrter, widmete sich besonders der Mythen- und Geschichtsforschung und zählte zu den führenden Persönlichkeiten der Spätromantik.

Hašek, Jaroslav, * 1883 in Prag, † 1923 in Lipnice, tschechischer Schriftsteller, erlangte Weltruhm mit seinem satir. Roman *Die Abenteuer des braven Soldaten Schwejk.*

Hesse, Hermann, * 1877 in Calw, † 1962 in Montagnola (Schweiz), deutscher Dichter, dessen erzählerisches Werk die Problematik des modernen Lebensgefühls mit westlicher und östlicher Weisheit verbindet *(Der Steppenwolf, Siddhartha, Demian, Das Glasperlenspiel).* Nobelpreis 1946.

Jean Paul (eigentlich Johann Paul Friedrich Richter), * 1763 in Wunsiedel, † 1825 in Bayreuth, deutscher Dichter; seine von grotesker Phantasie und liebevollem Humor bestimmten Romane *(Siebenkäs)* bilden wegen ihrer Originalität ein eigenes Kapitel der deutschen Romantik.

Kazantzakis, Nikos, * 1887 in Iraklion, † 1957 in Freiburg i. B., griechischer Schriftsteller, der wohl bedeutendste Vertreter der neugriech. Literatur; seine berühmtesten Romane tragen die Titel *Alexis Sorbas* und *Griechische Passion.*

Keller, Gottfried, * 1819 in Zürich, † 1890 ebenda, Schweizer Dichter, der ursprünglich Maler werden wollte; seine Gedichte, Romane und Novellenzyklen führen aus der Spätromantik in den zeitkritischen Realismus *(Der grüne Heinrich, Zürcher Novellen).*

Mann, Thomas, * 1875 in Lübeck, † 1955 in Zürich, einer der bedeutendsten deutschsprachigen Erzähler des 20. Jahrhunderts, dessen geistige, psychologische und soziale Strömungen im Gesamtwerk ihren realistischen, ironisch verfeinerten Niederschlag fanden *(Buddenbrooks, Der Zauberberg, Doktor Faustus, Joseph und seine Brüder).*

Mark Twain, eigtl. Samuel Langhorne Clemens, * 1835 in Florida (Missouri), † 1910 in Redding, US-amerikanischer Schriftsteller, weltweit populär durch seine Hauptwerke *Abenteuer und Fahrten des Huckleberry Finn* und *Abenteuer Tom Sawyers.*

Maupassant, Guy de, * 1850 auf Schloß Miromesnil bei Dieppe, † 1893 in Paris, französischer Schriftsteller, zählt zu den bedeutendsten Novellisten der Weltliteratur; viel gelesen ist auch sein Roman *Bel Ami.*

Rilke, Reiner Maria, * 1875 in Prag, † 1926 in Val-Mont bei Montreux, österreichischer Dichter, gilt als der bedeutendste deutschsprachige Lyriker des 20. Jahrhunderts *(Das Stundenbuch, Duineser Elegien).*

Roth, Eugen, * 1895 in München, † 1976 ebenda, deutscher Lyriker und Erzähler, der mit einer Art heiterem Pessimismus der vermeintlichen Krone der Schöpfung den Spiegel vorhielt *(Ein Mensch, Mensch und Unmensch, Die Frau in der Weltgeschichte).*

Seidel, Heinrich, * 1842 in Berlin, † 1906 ebenda, deutscher Schriftsteller, dessen Romane und Novellen *(Leberecht Hühnchen)* idyllische Nischen der Gesellschaft zeichnen, die von Lebenskünstlern und Sonderlingen bewohnt sind.

Simmel, Johannes Mario, * 1924 in Wien, österreichischer Schriftsteller, zählt zu den populärsten zeitgenössischen Romanautoren deutscher Sprache *(Es muß nicht immer Kaviar sein, Alle Menschen werden Brüder, Liebe ist nur ein Wort).*